만화로 보는
지상 최대의
철학 쑈

일러두기
- 작품 속 모든 주는 저자 주입니다. 옮긴이 주는 문장 뒤에 '-옮긴이'로 표시하였습니다.
- 인명, 지명 등은 국립국어원 외래어 표기법을 따르되, 고대 그리스어와 아랍어는 해당어의 발음을 따랐습니다.

만화로 보는
지상 최대의
철학 쑈

소크라테스부터 데리다까지
초특급 두뇌들의 불꽃 튀는 입담 공방전

프레드 반렌트 글 | 라이언 던래비 그림 | 최영석 옮김

내 농담에 웃어 주고 내가 똑똑하다고 느끼게 해주는 크리스털에게.
둘 중 내가 더 좋아하는 게 뭔지는 모르겠지만.

프레드 반렌트

자기 힘으로 생각하라고 가르쳐 주신 어머니께.

라이언 던래비

Action Philosophers! by Fred Van Lente and Ryan Dunlavey
Copyright ⓒ 2005, 2006, 2007, 2009 and 2009 Ryan Dunlavey and Fred Van Lente
Korean translation rights ⓒ 2013 Darun Publishing Co.
Korean translation rights are arranged with Evil Twin Comics through Amo Agency Korea.
All rights reserved.

이 책의 한국어판 저작권은 아모 에이전시를 통해 저작권자와 독점 계약한 다른출판사에 있습니다.
신 저작권법에 의해 한국 내에서 보호를 받는 저작물이므로 무단 전재와 무단 복제를 금합니다.

추천의 글

철학자는 싸우고 우리는 즐겁다
십자군 전쟁의 역사, 르네상스 미술의 역사, 히틀러 집권의 역사 등
이런저런 작업을 하면서도 나의 관심은 언제나 하나였다. 언젠가는 사상의
역사를 그리겠다는 꿈. 인간 생각의 역사야말로 내가 정말 도전해 보고 싶은
주제였다. 그런데 이건 아주 어려운 작업이다. 자료를 읽고 공부하는 일도
어렵지만, 알기 쉽고 재미있게 그려 내기란 더욱 어렵다.

이 책 『만화로 보는 지상 최대의 철학 쇼』는 그런 점에서 샘이 날 정도로
잘 만들었다. 무엇보다도 알기 쉽다. 누가 무슨 말을 했는지, 어떤 철학자가
어떤 사상과 싸웠는지, 그림으로 그리는 것보다 더 일목요연하게
정리할 수 있을까? 유명한 사상가들이 펄쩍펄쩍 액션을 펼치는 장면은
게다가 발랄하고 재미있기까지 하다. 분량도 짧아 간결하니 좋다.

자, 나는 여기까지 쓰고 추천의 말을 마칠 수도 있었다. 그러나 사상의
역사를 다루는 책이다. 주제가 주제이니만큼 쉽고 재미있고 간결한 만화책이
어떤 독자님은 마뜩잖을 수도 있다. 어떤 독자님은 더 버거운 지적 도전을
원할 것이다. 괴로운 책읽기의 즐거움을 아는 독자, 그분들을 위해서도
나는 이 책을 추천한다.

독자님은 기억하시는지, 처음으로 도서관에 가던 날을? 나는 부끄럽게도
나이가 꽤 들어서야 도서관을 찾았다. 요즘에는 초등학교, 중학교에도
도서관이 있다더라. 부러울 뿐이다. 내가 살던 동네는 그렇지 않았다.
잘나가는 대학에 몇 명을 보낸다느니 허튼 자랑만 떨었지 변변한 도서관도
없었다. 고등학교 졸업할 때가 가까워서야 큰 도서관에 가보았다.
개가식 도서관에 들어서자 내 입이 떡 벌어졌다.

도서관에 가기 전까지 세상에서 제가 가장 똑똑한 줄 알던 소년 소녀는
도서관에 첫발을 들여놓으며 허황된 꿈을 꾼다. 그 많은 책들을 집어삼켜
세상의 모든 지식을 제 머리에 채우고 싶어 한다. 한 달에 몇 권씩 읽어야
하나, 그럼 일주일에 몇 권씩 읽어야 하나, 그럼 속독법을 따로 배워야 하나,
끝없이 이어지는 책의 미로 앞에서 공상에 젖는다.

얼마 지나지 않아 현실을 깨닫는다. 책장 하나, 아니 서가 한 줄 제대로
읽기에도 사람의 한살이는 너무 짧고 바쁘다. 욕심은 날로 줄어 고전이라도
두루 읽겠노라 다짐하지만 이 역시 허세. 뒤늦게야 손이 가는 책이 사상사다.

그나마도 처음엔 코플스턴이나 펑유란의 방대한 책처럼 여러 권짜리 철학사를
집어 들지만 여전히 버겁다. 알기 쉬운 책 한 권이 절실한 때가 늦건 이르건
찾아오게 마련.

생뚱맞게도 나는 이 대목에서 소설 「바벨의 도서관」을 생각한다.
무한히 이어지는 책의 미로에서, 세상의 진면목이 그 한 권에 담겨 있다는
궁극의 책을 찾아 헤매는 주인공을. (소설의 내용과는 별 상관없지만, 보르헤스의
소설에서는 누구나 각자 읽고 싶은 것은 읽어 내기 마련이니 보르헤스 선생도 내 제멋대로의
독해를 용서해 주시리라.)

아, 물론 이 만화책이 그 책이라는 건 아니다. 내가 비록 이 책을 추천하는
입장이지만 그런 심한 뻥을 칠 수는 없다. 그래도 이 말은 하련다.
한 권에 알차게 정리한 책이다. 서가에 꽂아 두었다가 생각날 때마다 읽고
전체 줄기를 얼추 파악하기에 마침맞다. 준비 운동도 없이 원전의 거친 바다에
뛰어들다 탈이 나지 않도록 이 책으로 시시때때로 몸을 풀어 주시라.

미술사를 전공한 선생님이 들려준 흥미로운 이야기. 처음 미술의 역사를
공부할 때는 각 시대의 양식적 특징을 도식화해서 달달 외운단다.
그런데 한참 공부하다 보면 나중에는 도식을 버릴 때가 온다고 한다.
그러나 처음 단계에서 정리된 도식을 열심히 익히지 않으면 도식을 넘어서는
단계에 도달하지 못한다는 것이다. 다른 공부에도 들어맞지 않을까.
처음에 정석부터 익혀야 나중에 정석을 넘어설 수 있고 문법을 암기해야
문법 없이 의사소통할 수 있으며 기법을 외워야 기법을 의식하지 않게 된다.
철학사 공부라고 다르겠는가. 나중에는 도식화된 사고를 넘어서서 자기만의
사유를 펼쳐야겠지만 처음 입문할 때는 철학 사조별 특징을 익혀야 할 터.
도식을 설명하려면 역시 그림으로 그려 보여 주는 것이 마침맞다.
하물며 재치 넘치는 액션 만화로 구성했으니 얼마나 좋은 책인기!

김태권(만화가, 「김태권의 십자군 이야기」 저자)

차례

추천의 글 ... 5

1 그리스인들이 다 해먹네!
고대 철학

소크라테스 이전! ... 13
노자! ... 23
공자! ... 26
플라톤! ... 29
아리스토텔레스! ... 42
견유학파 디오게네스! ... 54
에피쿠로스! ... 56
스토아학파 에픽테토스! ... 62

2 종교가 지배하던 시절!
중세 철학

성 아우구스티누스! ... 69
달마! ... 83
루미! ... 94
성 토마스 아퀴나스! ... 100
니콜로 마키아벨리! ... 110
이사크 루리아! ... 122

3 침묵 앞에서 갈팡질팡!
근대 철학

프랜시스 베이컨!	132
르네 데카르트!	134
토머스 홉스!	142
바뤼흐 스피노자!	144
조지 버클리!	151
고트프리트 라이프니츠!	152
데이비드 흄!	153
장 자크 루소!	157
토머스 제퍼슨!	161
이마누엘 칸트!	171
메리 울스턴크래프트!	185
게오르크 헤겔 & 아르투어 쇼펜하우어!	186
오귀스트 콩트!	196
쇠렌 키르케고르!	200

4 무슨 무슨 '주의'가 판치는 한심한 우리 시대
현대 철학

카를 마르크스!	211
존 스튜어트 밀!	223
프리드리히 니체!	231
윌리엄 제임스!	237
지그문트 프로이트!	241
카를 구스타프 융!	252
루트비히 비트겐슈타인!	260
장폴 사르트르!	273
조지프 캠벨!	288
에인 랜드!	299
미셸 푸코!	307
자크 데리다!	309
용어 해설	318
찾아보기	322

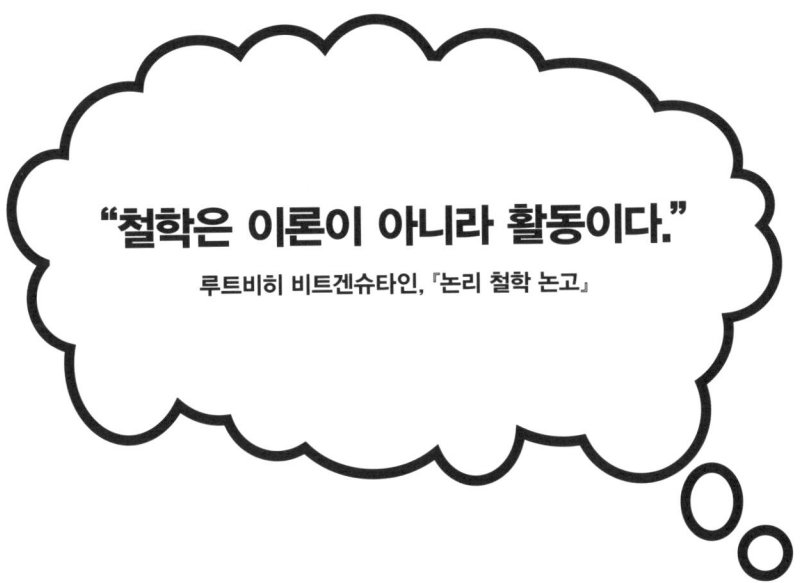

"철학은 이론이 아니라 활동이다."
루트비히 비트겐슈타인, 『논리 철학 논고』

그리스인들이 다 해먹네!*

*중국인들은 예외임!

1

고대 철학

최초로 철학의 역사를 다룬 아리스토텔레스는 이렇게 말했어.
"초기 철학자들 대부분은 물질의 기본 법칙이 모든 것의 유일한 법칙이라고 생각했다."
다시 말해 형이상학은 없었어.
물질 세계, 이상적 세계, 영혼의 세계가 모두 같은 법칙을 따른다고 본 거야!
최초의 슈퍼스타 철학자인 소크라테스가 등장하기 이전에는 이들의 이론이 주류였지.

소크라테스 이전!

이 책의 글은 프레드 반렌트가, 그림은 라이언 던래비가 맡았음.

밀레토스의 탈레스!

아낙시메네스!

헤라클레이토스!

파르메니데스!

우리에게 남은 유일한 길은 '존재'야. 존재는 만들어지지도 파괴되지도 않아. 완전하고, 변하지 않으며, 끝이 없어.

변화나 운동은 없어! 우리 감각이 만들어 내는 환상일 뿐이지!

사물들은 외관이 변하더라도 본질적으로는 예전과 똑같은 거야!

파르메니데스의 제자인 제논이 운동의 환상을 지적한 패러독스는 아주 유명해.

결승선

1/2의 1/2 지점

1/2 지점

달리기 경주를 하고 있다고 치자. 절반까지 뛰어가지 않으면 도착 지점에 갈 수가 없어. 맞지? 또 그 절반의 절반까지 가지 못하면 절반에 갈 수가 없어. 그럼 그 절반의 절반의 절반까지 가야만 절반의 절반에……. 이러다가……

어디 다른 데로 갈 수나 있겠어?

알겠지?

존재라는 건 말이야, 요소나 제1원인, 제2원인 같은 각각의 부분들로 나눌 수가 없는 거야.

변하는 건 없다고! 이 만화책도 그래! 100만 부 200만 부 끊임없이 계속 팔려도 여전히 이 만화책이지!

엠페도클레스!

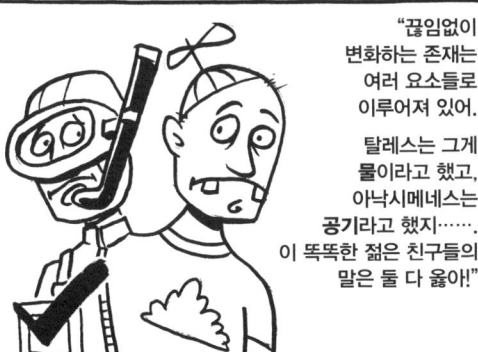

"이름 붙일 수 있는 것은 진정한 도(道)가 아니다."
(도는 중국 말로 '길'을 의미합니다.)

"그래서 저희는 노자의 『도덕경』(B.C. 600년경)에 나오는 말들을 다른 설명 없이 보여 드리기로 했습니다."

아름다워 보이는 건 추한 것이 있어서이고
선해 보이는 건 선하지 않은 것이 있어서이다.
그러므로 있는 것과 없는 것은 함께 나며
어려운 것과 쉬운 것은 함께 이루어진다.

성인은 그 무엇도 하지 않으며,
말하지 않고 가르친다.
행한 일은 잊혀지나 그로 인해 영원하다.

하늘과 땅은 '나'를 고집하며 살지 않으므로 영원하다.

천하를 얻어 마음대로 할 수 있는가?
세상은 신비로워 어찌할 수 없다.
억지로 하면 망치고, 잡으려 하면 잃는다.

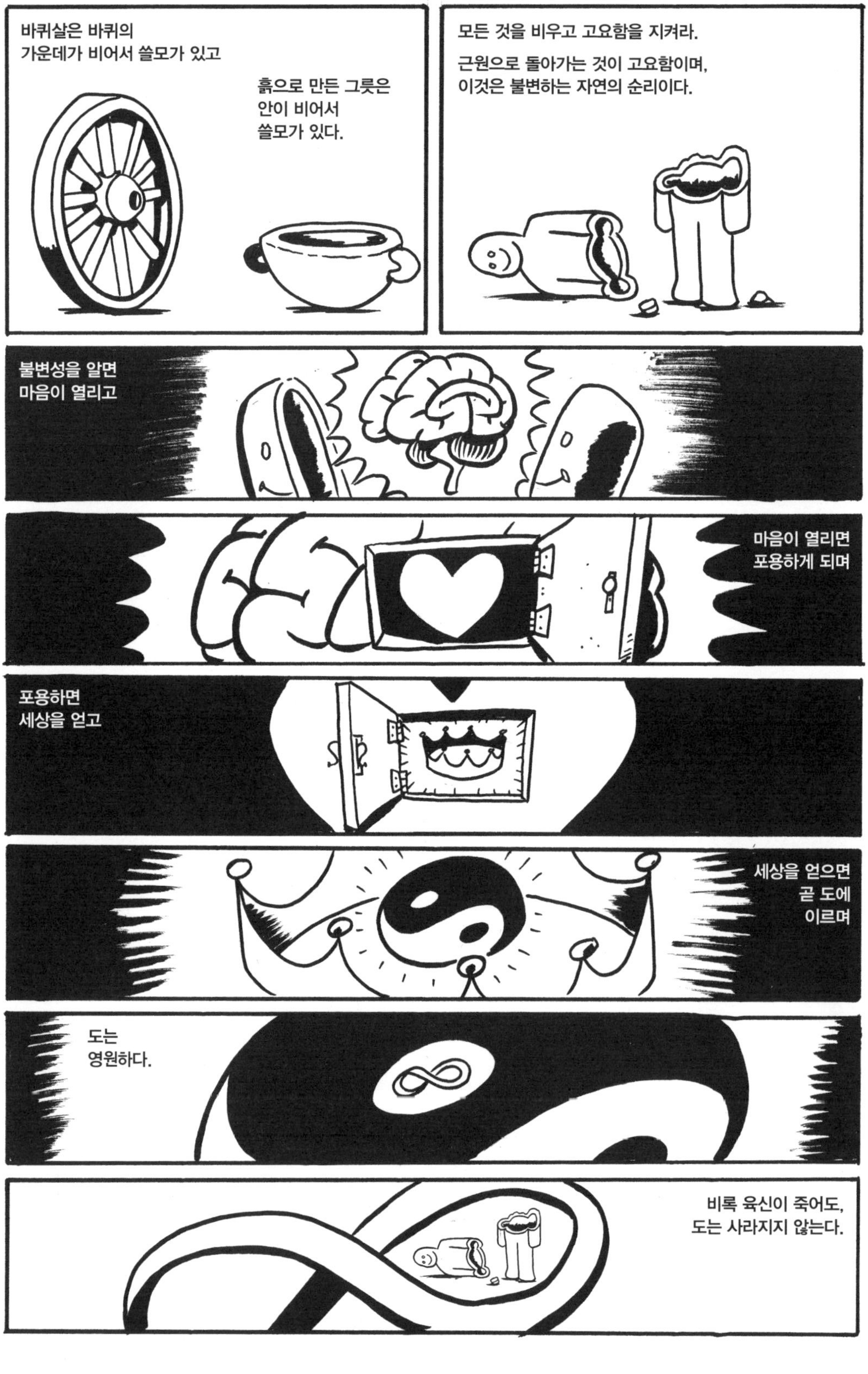

바퀴살은 바퀴의
가운데가 비어서 쓸모가 있고

흙으로 만든 그릇은
안이 비어서
쓸모가 있다.

모든 것을 비우고 고요함을 지켜라.
근원으로 돌아가는 것이 고요함이며,
이것은 불변하는 자연의 순리이다.

불변성을 알면
마음이 열리고

마음이 열리면
포용하게 되며

포용하면
세상을 얻고

세상을 얻으면
곧 도에
이르며

도는
영원하다.

비록 육신이 죽어도,
도는 사라지지 않는다.

다른 사람을 아는 것은 지혜이나 스스로를 아는 것은 깨달음이다.

남을 이기려면 힘이 필요하나 스스로를 이기려면 강해야 한다.

덕이 높은 사람은 덕을 몰라 덕이 있고, 덕이 낮은 사람은 덕을 알아 덕이 없다.

아는 사람은 말하지 않고 말하는 사람은 알지 못한다.

말을 삼가고 감각을 억눌러 먼지와 같아지니 이것이 합일이다.

사람은 부드럽고 연약하게 태어나지만 죽으면 굳고 단단해진다.

그러므로 굳고 강한 것은 죽은 것이고 부드럽고 연약한 것은 산 것이다.

현대 학자들은 '큰 선생님'이라는 뜻의 '노자(老子)'를 실존 인물로 보지 않기도 해요.

『도덕경』은 사실 여러 사람이 말한 것을 모아 놓은 책일지도 몰라요.

하지만 가짜 인물이더라도 참 귀엽지 않나요? 킥킥!

히히히

공자(B.C. 551~B.C. 479)는 중국의 유명한 사상가야. 문자 그대로 영어로 옮기면 MASTER KONG! 킹콩……이 아니라 '위대한 콩'이지!

그는 중국의 춘추 전국 시대 (B.C. 800~B.C. 400)에 중간급 관리로 일했어.

그때는 주 왕조가 쇠약해진 틈을 타 각지의 소왕국들이 각축을 벌이던 시대였지!

여러 봉건 제후들은 정통성을 인정받기 위해 주나라의 예법과 관례를 공자와 같은 학자들에게 배우고 싶어 했어.

공자의 가르침은 '오경'이라고 불리는 다섯 권의 책에 정리되는데, 나중에는 중국 전통 윤리의 국가 표준으로 자리 잡아.

일찍이 B.C. 136년부터 모든 관리들은 의무적으로 '오경'을 읽어야 했어.

공자 사상의 핵심은 하늘의 뜻을 따르는 것이 도덕적인 선(善)과 같다는 거야.

하지만 하늘의 뜻은 인간을 통해서만 실현될 수 있어!

따라서 공자의 가르침은 기본적으로 교훈적이야. 예(禮)를 통해서 미적, 도덕적, 사회적 질서를 강화하는 거지.

예의를 잘 지키면 미적으로 보기에도 좋고, 도덕적인 만족이 생기고, 사회적으로도 다른 사람들에게 선이 된다는 것!

이렇게 꾸준히 질서가 유지되는 것을 중요하게 생각했던 걸 보면, 공자가 윗사람을 존중하는 효(孝)를 가장 높은 가치로 가르친 것도 놀랍지 않지?

『논어』에서 공자는 이렇게 말해. "아버지가 살아 계실 때 아들이 어떤 마음을 품었는지 알려면, 아버지가 돌아가신 후 아들이 어떻게 행동하는지 보면 된다."

"3년간 아버지의 유지를 잘 받든다면, 비로소 훌륭한 아들이라고 할 수 있다."

그러니 젊은이들에게 이런 논쟁을 권한 소크라테스가 무사했겠어?

어디서 까불어, 이 '모르는 걸 아는' 놈아?

이것도 한번 변증해 보시지!

B.C. 399년 소크라테스는 아테네의 젊은이들을 타락시킨 죄로 독약을 마시는 형벌을 받았어.

스토아학파 에픽테토스!

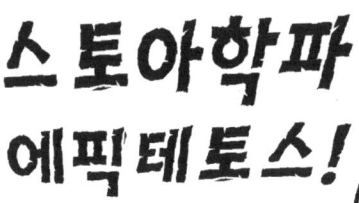

이 철학자의 진짜 이름은 알려져 있지 않아. '에픽테토스'는 사실 '노예'라는 뜻이야.

그의 로마인 주인은 그가 키티온의 제논이 세운 학교에 다닐 수 있게 허락해 줬지. 키티온은 키프로스의 남해안에 있는 도시 이름이야.

스토아학파라는 이름은 제논이 기둥이 늘어선 복도를 거니는 버릇이 있었기 때문에 붙여졌다고 해. 스토아(Stoa)가 그런 복도를 의미하거든.

글쓴이: 프레드 반렌트
그린이: 라이언 던래비*

*위의 언급은 우리 작업이 자랑스럽다는 뜻이 아님.**

**물론 창피하다는 뜻도 아님.

디오게네스 라에르티오스란 철학자는 스토아학파의 철학을 달걀에 비유했어.

껍질은 논리학, 흰자는 윤리학, 노른자는 자연과학!

스토아학파의 자연과학 이론은 만물에 신이 존재한다는 생각으로 이어지지. 우주에는 두 가지 원리가 있어. 능동적인 것과 수동적인 것.

물질은 신의 수동적 형상이고 신은 물질의 능동적 형상이야.

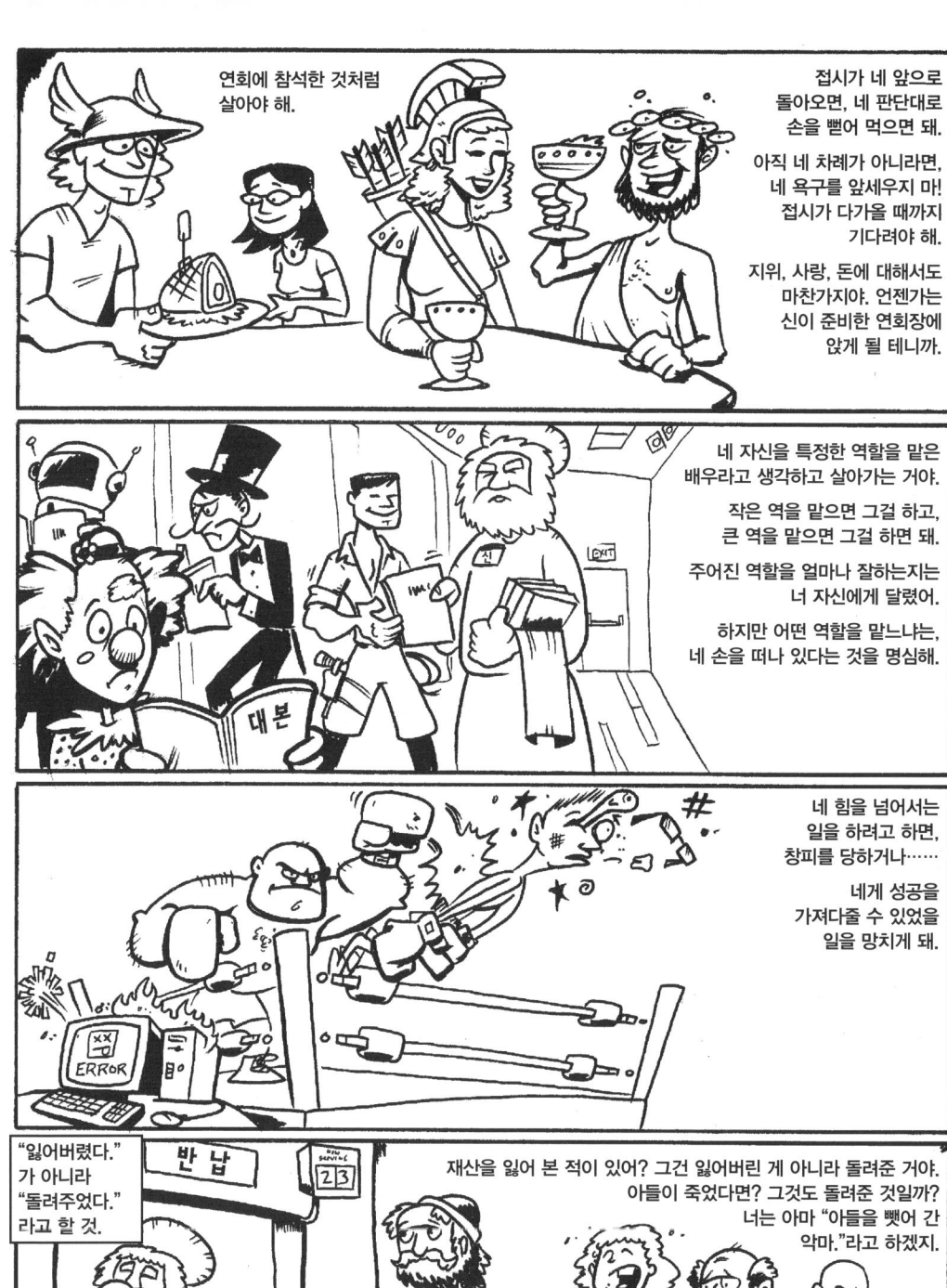

종교가 지배하던 시절!

2
중세 철학

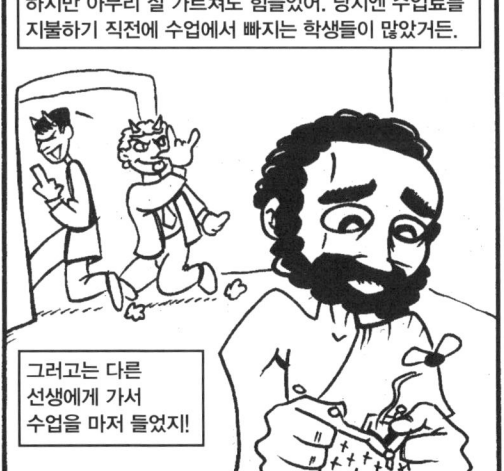

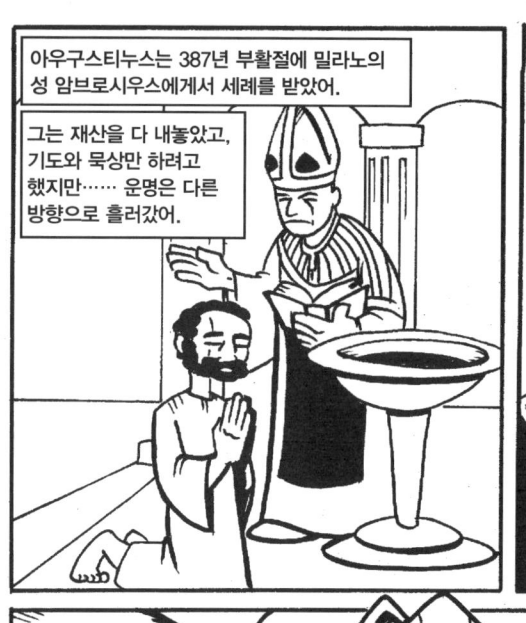

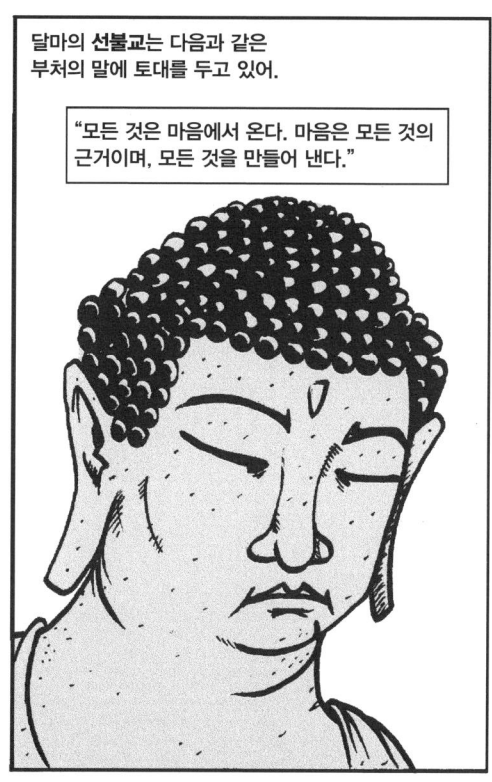

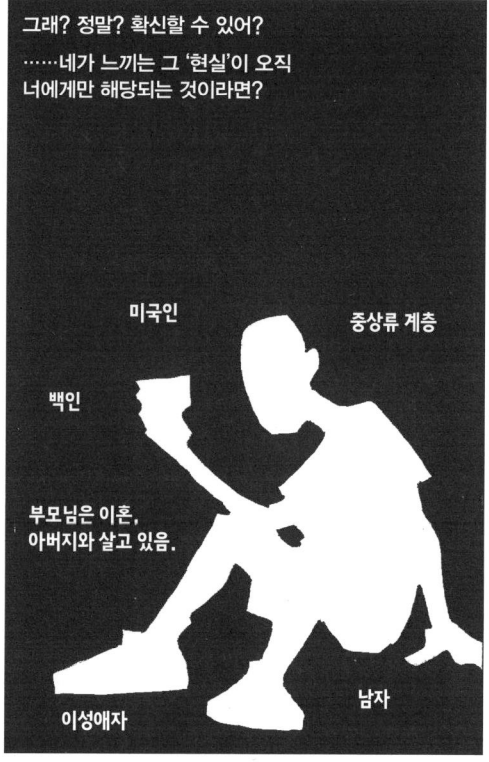

넌 네 의식을 거쳐서 나오는 것만을 현실로 받아들이지. 하지만 네 의식은 너 자신이 낳은 편견의 산물이야.

불교는 **해탈**해야만, 즉 자아를 벗어나야만 의식이 자유로워져서, 걸러지지 않은 현실, 객관화된 세계를 볼 수 있다고 가르쳐.

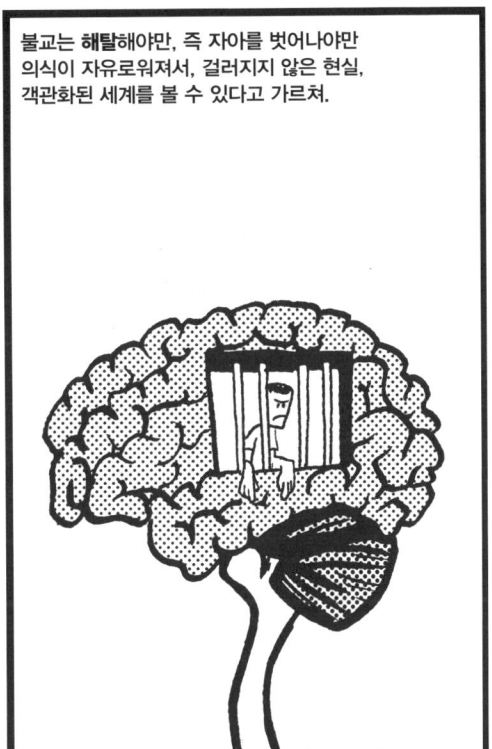

그리고 이때까지 불교는 평생토록 부처의 가르침을 열심히 공부해야만 해탈할 수 있다고 보았어.

이거 도대체 언제 끝나?

하지만 달마는 생각이 달랐어.

부처님은 아무 글도 남기지 않았지만 깨달음을 얻었네. 우리도 마찬가지야!

'화두'라고 하는 이런 수수께끼들은 주관에 갇혀 있는 한 진리는 모순되게 나타난다는 것을 보여 줘.

핵심은 화두에 답하는 게 아니라, 왜 답을 내놓을 수 없는가를 명상하는 데에 있어!

말과 언어는 모두 하나의 자아와 다른 자아 간에 오가는 것이니, 쓸모가 없어.

달리 말하자면, 우리가 아는 '사실들'은 **환상**이라는 거지! 언어로 이루어진 모든 진술들은 **의견**일 따름이니까!

헛소리! 실험을 반복하면 객관적인 현실을 알아낼 수 있다고! 이건 과학적 탐구로 입증된 사실이야!

흠, 그럼 '불확정성의 원리'는? 양자 역학은 양자 입자들이 관측자의 관측에 따라 위치나 운동량이 바뀐다는 것을 입증했어. 물리 현상에서도 자아의 개입이 있는 거야!

진정한 진리는 경험에서 얻는 것이며, 간접적으로 전달될 수 없어.

달마는 우리에게 이렇게 말해. "진리에 머물러야 한다."

언어…… 과학…… 예술마저도 주관적인 것이니, 신뢰할 수 없지.

오랫동안 명상을 하는 것은 정신적으로나 육체적으로나 힘든 일이라서, 달마는 소림사의 승려들을 위해 운동법을 고안해 냈지.

달마가 고안해 낸 이 운동은……

오늘날의 '쿵후'의 기원이 되었다고 해!
달마가 실제로 이 운동을 몸을 보호하기 위한 용도로 만들었는지는 아무도 모를 일이야.

하지만 수많은 공격들을 쉽게 감지하고 무력화하는 절정 고수의 모습은, 자신과 세계를 가르는 구분을 완전히 없애라는 선 사상의 훌륭한 예일 수도 있을 것 같아!

전설에 따르면, 달마는 아주 나이를 많이 먹자 자신의 신발 한 짝을 머리에 인 채 중국의 서쪽 관문 바깥으로 떠났다고 해.

그는 자기가 해야 할 일을 위해 관습에 과감히 도전했던 사람이야.

1244년 11월 15일, 설교자이자 신학자인 한 사람이 터키의 코니아에 있던 이슬람 신학교를 방문해. 당시 서른일곱 살이었던 그의 이름은 잘랄 우딘 무함마드……

루미!

프레드 반렌트는 그대의 태양이 아니라, 단지 글쟁이라네.
라이언 던래비도 그대의 태양이 아니라, 단지 그림쟁이라네.

갑자기 루미 앞에 누군가 소리치며 뛰어들었어.

"무함마드와 바스타미 중 누가 더 위대한가?"

이슬람의 창시자인 예언자 **무함마드**와 9세기의 유명한 신비주의자인 **바야지드 알 바스타미**를 비교하는 질문이었어.

바스타미는 **수피즘**의 신봉자였어. 수피즘은 이슬람의 신비주의 전통을 대표하는 종파인데, 이슬람교 경전인 꾸란에서 말하는 '**피트라**'를 성취하기 위해 현생에서 열과 성을 다해 신에게 가까이 다가가라고 가르쳤지.

피트라란 모두가 오로지 신에 대한 사랑으로 행동하는, 인간의 본질인 '순수한 상태'를 뜻해. 이를 획득하려면 자아를 부숴서 자신의 의지를 신성과 일치시켜야 하고.

이 정체 모를 수도승, 방랑하는 수피 성자의 이름은 샴스 이 타브리즈였어. 그의 이름인 샴스(Shams)는 아라비아어로 태양이라는 뜻이야.

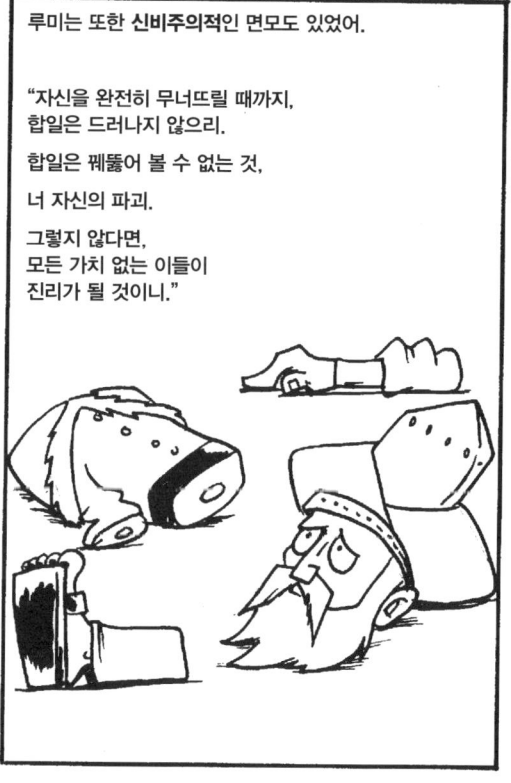

덤벼라, 무신론자들아!

몸무게 136킬로그램의 신학의 마술사!
성직자 최고의 하마!
'멍청한 공부벌레'라고 불린 사나이!

성 토마스 아퀴나스!

대부분의 부모들이 그렇듯이, 아키노 백작은 자기 아들이 대학을 다니다 말고 전공을 바꾸는 게 못마땅했어.

뭐야? 도미니크 수도회에 들어가? 내 눈에 흙이 들어가기 전에는 안 돼!

청빈과 겸허 운운하며 굽실거리는 꼴을 보려고 4년 동안 나폴리 대학 등록금을 대준 게 아니란 말이다!

죄…… 죄송해요. 하지만 전 벌써 결심한걸요.

*출애굽기 3장 14절

첫 번째 증명: 운동

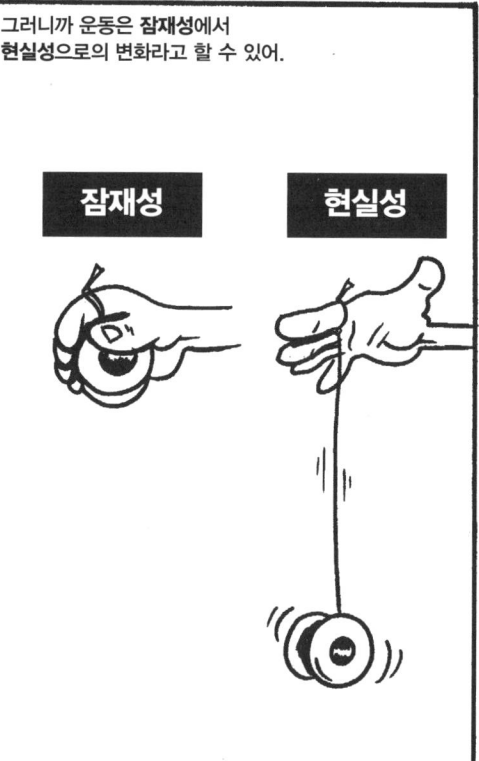
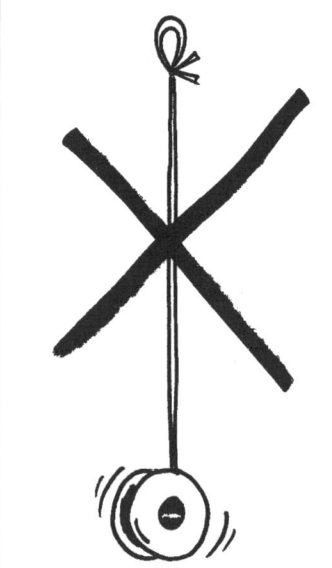

네 번째 증명: 완전성의 등급

여기 있을 필요 없네. 위원회가 무슨 결정이든 내리려면 시간이 꽤 걸릴 게야.

주인께 돌아가서 전하게. 결정이 나는 대로 알려 드리겠다고.

가……감사합니다, 친절하신 서기님. 켁…… 켁…….

정말인가요, 포르투나토? 그 전설적인 인물 마키아벨리가 마침내 피렌체 국정 운영을 보좌하러 돌아온다는 게?

왜 아니겠나? 결국 그는 메디치 가문*이 쫓겨났을 때 앉았던 첫 번째 자리로 돌아오는 거지.

1494년

메디치가의 '위대한' 로렌초 데 메디치는 회화와 조각으로 도시를 아름답게 꾸몄어.

*메디치 가문은 15세기 초부터 피렌체를 지배했으며, 교황의 돈줄이었어.

하지만 로렌초가 사망한 후 자리를 물려받은 아들 **피에로**는 무능력했지.

프랑스가 나폴리의 왕좌를 요구하며 이탈리아를 침공했을 때, 피에로는 피렌체에서 도주했어. 시민들은 피에로가 없는 틈을 타 피렌체 공화국을 세웠지!

"목숨은 겨우 건졌지만, 메디치가는 그를 성 바깥으로 추방해 버렸어. 정치가로서의 삶은 끝장난 거지!"

"휴, 불쌍한 인간! 마키아벨리 같은 사람을 정치에서 몰아낸 건 숨통을 끊는 것이나 마찬가지였을 거야!"

"그는 자기 서재에서 새로운 길을 찾아 분주한 나날을 보냈어."

나는 바삐 돌아다니면서 더럽고 누추해진 옷을 내 서재의 문턱에 벗어 놓고 옛 로마의 옷을 입는다. 옛사람들이 등장하는 고대의 궁전으로 들어서는 것이다.

나는 그들이 왜 그런 행동을 했는지 스스럼없이 묻고, 그들은 신중하게 대답을 해준다. 그러면 두세 시간은 모든 걱정거리를 잊는다.

단테는 말했다. 들은 것을 잘 갈무리하지 않으면 지식을 얻을 수 없다고. 나는 그들과의 대화를 정리하고 써 내려가면서 작은 책 한 권을 만들었다.

"마키아벨리는 메디치가의 환심을 사서 다시 공직으로 돌아가려고 이 책을 피에로의 아들인 로렌초에게 헌정했지!"

"그의 책에는 역사 연구와 현실 경험이 모두 어우러져 있었어!"

언급한 사항들을 신중히 검토해 보면 새 군주도 노련한 군주처럼 현명해질 것이며, 세습을 받았는지의 여부를 떠나 더욱 안전하고 확실하게 지위를 유지할 수 있을 것이다.

군주론

목적이 수단을 정당화한다.

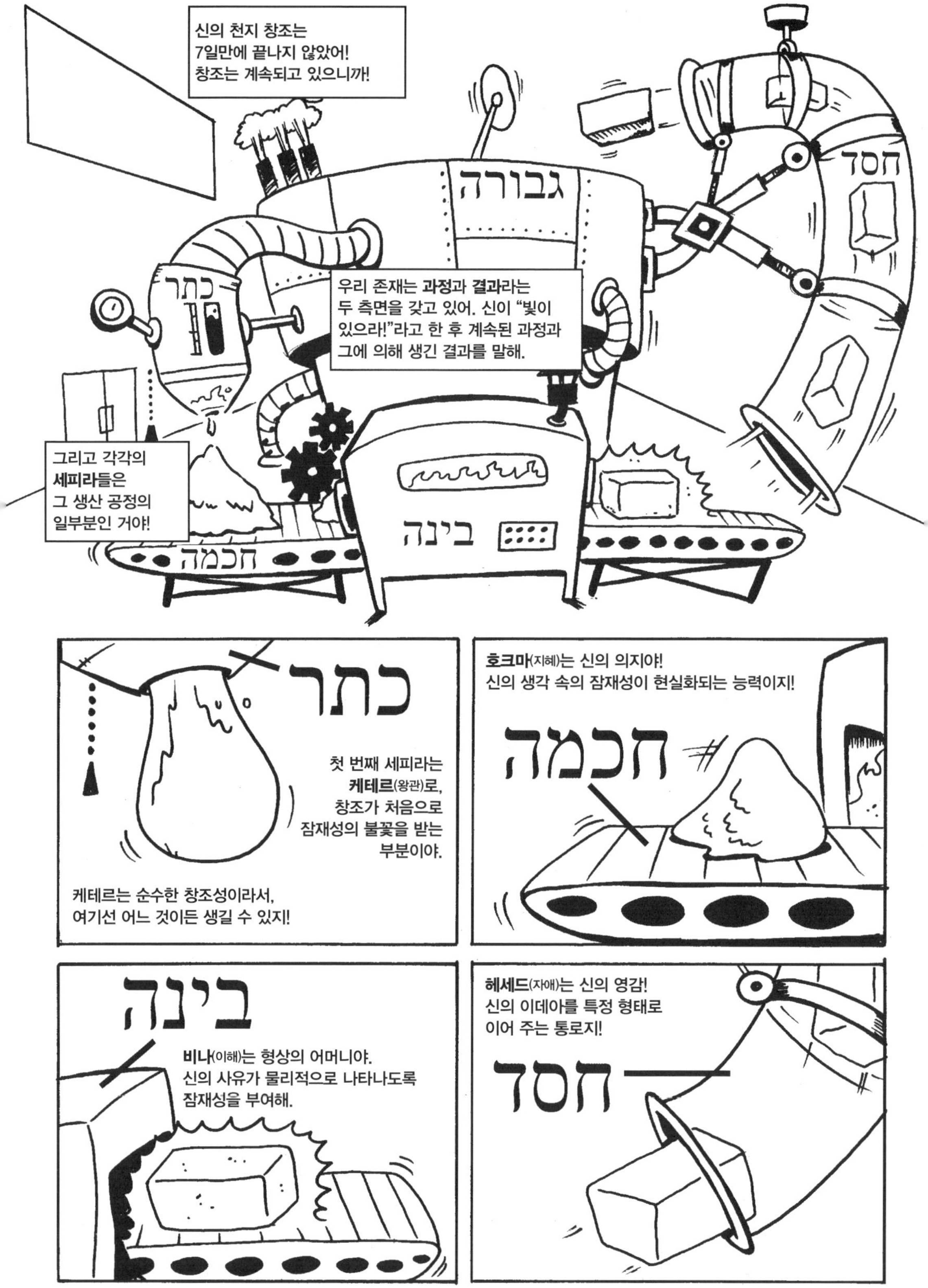

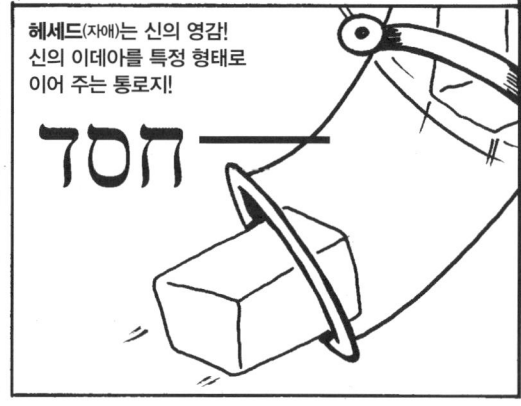

새로운 것이 창조되려면, 옛것은 사라져야 하지.

게부라(신의 힘)는 막강한 파괴자야…….

티파레트(미)는 균형을 맞추는 추와 같아. 신성 속의 합리성을 말하지.

네차크(승리)에 이르면 신의 이데아가 창조를 재촉하고,

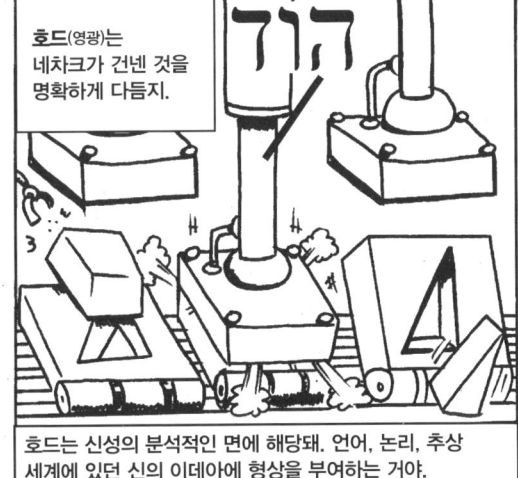

호드(영광)는 네차크가 건넨 것을 명확하게 다듬지.

호드는 신성의 분석적인 면에 해당돼. 언어, 논리, 추상 세계에 있던 신의 이데아에 형상을 부여하는 거야.

예소드(기반)는 신의 이데아로 만들어진 원초적인 형상을 구체화해. 단지 이 단계는 개별적 형상이 아닌 일반적 형상까지만 만들 수 있어.

말쿠트는 '왕국'이라는 뜻인데, 생명의 나무에서 창조된 것들을 실어 나르는 역할이야. 신의 생각이 현실로 나타나는 마지막 과정이지.

"말씀이 육신이 된다."라는 성경 구절처럼 말쿠트는 완전한 물질 세계로의 출구 역할을 하는 거야!

침묵 앞에서 갈팡질팡!

3. 근대 철학

신사 숙녀 여러분!
드디어 근대 철학의 아버지를 소개하게 되어 영광입니다…….

르네 데카르트!

프레드 반렌트가 쓰고
라이언 던래비가 그렸다.
그러므로 그들은 존재한다!

르네?

르네!

이리 나와 봐요.
독자들이 기다린다고요!

난 여기 있네.

음…… 그럼 이리 나와 보는 게 어때요? 우린…… 히히…… 이미 독자들에게 이 만화책을 팔았거든요.

……이제 데카르트 당신 차례라고요! 헤헤.

음…… 약간의 문제가 있네.

허구적 관념
마음이 만들어 낸 것들이야.

외부적 관념
외부에서 마음으로 들어온 것들이지.

본래적 관념
마음과 함께 원래부터 있었던 것!

역설적이게도, 존재한다고 확신할 수 있는 건 **허구적 관념**뿐이었네. 내 정신이 실존한다고 전제하기 때문이야! 아직까지 내가 존재한다고 증명한 건 내 정신뿐이니까.

내 이온 광선총을 받아라! 이 비(非)허구 세계의 유랑민아!

으이구.

외부적 관념이 진실이 되려면, 나의 의지와 관계 없이 독립적으로 존재해야 하지!

나는 내 의지의 힘으로 이 벽을 사라지게 할 수 없어. 그러니 내 정신과 독립적으로 존재하는 것이 가능해.

만약에 어떤 관념을 외부에서 내 정신 속으로 가져왔다면, 그 원인 역시 현실이어야 해. 내가 벽이 그 자체로서 존재한다고 여긴 것과 마찬가지로!

전통적으로 이건 확실한 논증의 원칙으로 알려진 거네.

예를 들어, 나는 신은 무한히 완벽하다는 관념을 가졌어…….

내가 최고다!

무한하고 완전한 존재만이 내게 이 관념을 심을 수 있는 거지.

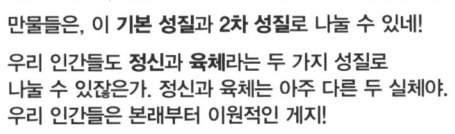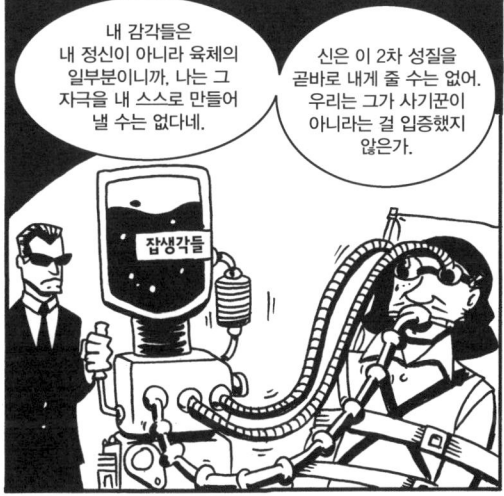

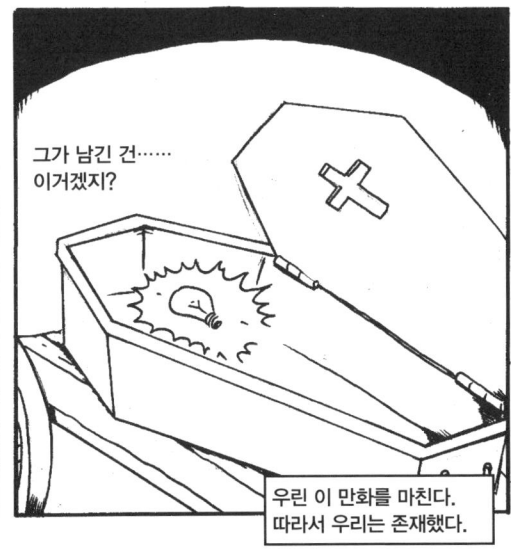

토머스 홉스

토머스 홉스(1588~1679)는 영국 내전이 일어났을 때 프랑스에서 가정 교사로 있었어.

그는 망명 온 영국 귀족들이나 왕당파들과 어울렸는데, 그것이 그의 대표적인 정치 철학서 『리바이어던, 혹은 교회 및 세속적 공동체의 질료와 형상 및 권력』(1650)에 영향을 줬지.

제목에 나오는 **리바이어던**은 성경에 나오는 괴물 이름인데, 홉스는 이를 국가에 비유했어. '인간이 만든 거대한 괴수'라는 거야.

홉스는 사회가 없다면 인간성은 타락할 것이라고 경고했어. "만인에 대한 만인의 투쟁!"

시민들은 주권자에게 이렇게 말하는 셈이야.

내 동료 시민들도 그렇게 하는 한, 나는 나를 통제할 권리를 포기하고 당신에게 넘기겠소.

주권자가 평화를 유지하기 위해 갖는 권력은 정말 막강해. 내각을 교체하거나 '분열을 조장하는' 발언을 틀어막을 수 있을뿐더러, 후계자를 정하는 권리도 유일하게 가지지.

주권자는 책임을 질 필요가 없어. 시민들은 저항할 권리가 없으니까. '저항권'은 독립 선언서를 쓴 제퍼슨이나 하는 말이라고. 주권자를 끌어내리면 앞서 말한 '자연 상태'라는 최악의 결과가 생길 테니까.

홉스는 평화를 유지하기 위해 꼭 필요한 일이 아니라면 주권자는 신민들의 독립성을 최대한 보장해 줘야 한다고 했어.

바뤼흐 스피노자

스피노자(1632~1677)는 시적인 삶을 살았어. 철학을 연구하는 한편……

천체 망원경의 렌즈를 가공하는 일을 했으니까.

부유한 유대 상인 집안 출신인 스피노자는 다른 가난한 유대인들보다는 훨씬 호화로운 생활을 했어. 그게 빌미가 되었는지, 그의 철학 노트에 담긴 내용이 불온하다는 소문이 돌았지.

"이봐, 자네 진짜 생각을 이야기해 보라고. 우리 믿지? 우린 친구잖아."

"탈무드를 잘 읽어 보면 영혼 불멸이 아니라던데? 천사도 없고, 신도 육체가 있고 말이야."

스물네 살의 스피노자는 자존심보다 중요한 게 조심성이라는 걸 몰랐어.

"성경에는 비물질이나 비육신에 관한 언급이 없어. 신도 육체가 있다고 봐도 무방하지."

"시편 48장 1절은 "신은 위대하다."라는 말로 시작하는데, '위대함'은 확장 가능한 것이어야 하지. 즉, 육체가 있다고 봐야 해."

유대인들은 사실 파문 같은 것은 잘 하지 않았지만, 랍비들은 스피노자에게 정말 화가 났어. 그를 본보기로 한 거지!

1656년 7월 27일, 암스테르담 광장에서 파문 선언이 낭독되었어.

"스피노자는 파문되었으니 더는 이스라엘의 백성이 아니다."

"……신의 분노와 노여움이 임하고, 성서의 모든 저주가 내릴 것이며, 그의 이름은 영원히 지워지리라."

모든 유대인은 스피노자에게 여섯 걸음 이내로 접근해서는 안 된다는 명령도 내려졌어. 그는 장사를 못 하게 된 거야.

17세기에 광학은 렌즈를 정교하게 다듬는 일을 의미했어.* 오늘날로 치면 컴퓨터 프로그래밍과 비슷한 일이었지. 스피노자 같은 천재가 이것을 두 번째 직업으로 삼은 것도 그리 놀랄 만한 일이 아닌 거야.

*17세기 초에 네덜란드 안경 장인이 망원경을 발명했지.

이후 수십 년간 스피노자는 유리만이 아니라 자기 사상도 갈고닦았어. 『신학 정치론』, 『윤리학』과 같은 위대한 책들을 썼지.

스토아학파의 영향을 받은 스피노자는 친구에게 이렇게 말했대.

"내가 알고 있는 모든 것을 돌이켜 볼 때, 신과 자연은 차이가 없네."

그는 '신 혹은 자연'이라는 표현을 썼어. 그게 그거라는 거야!

예를 들면, 원의 본질이 둥근 형태에 있듯이……

"만물은 신 안에 있으며 신 안에서 움직인다."

"존재하는 것은 신 안에 존재하며, 신 없이 존재하거나 그렇게 생각될 수 있는 것은 없다."

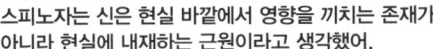

스피노자는 신은 현실 바깥에서 영향을 끼치는 존재가 아니라 현실에 내재하는 근원이라고 생각했어.

틀렸음!

쉽게 말하자면, 신은 인격이 아니라는 거야. 장인이 렌즈를 만들듯이 현실을 '창조'하는 게 아니라는 말이지.

오히려, 신은 현실로 존재함으로써 현실을 창조한 거야! 스피노자의 말에 따르면, "신은 절대적으로 무한한 존재이다. 즉, 무한한 속성들로 구성된 실체이며 그 속성들 각각은 영원하고 무한한 본질을 나타낸다."

그러니까, 존재하는 모든 것은 단지 신의 '양태'라는 거야.

정답!

다른 철학자들이 그를 가리켜 '신 중독자'라고 부를 만도 하지?

손님, 이제 그만 마시라니까.

"원이 둥글어야만 하듯, 실제로 존재하지 않는 어떤 수단이나 질서를 통해 신에 의해 창조된 것은 있을 수 없다." 이렇게 말하면서 스피노자는 2천 년간 위세를 떨쳐 온 아리스토텔레스의 '가능태와 현실태'라는 이분법을 극복해. 만약 무엇인가 존재할 수 있다면 존재한다. 그럴 수 없다면, 존재하지 않는다.

자유는 자기 본질에 따라 행동하는 능력이기 때문에, 신은 절대적으로 자유롭다.

그러므로, 우리는 신의 일부이다!

이성의 두 번째 역할은 우리가 통제할 수 있는 것과 없는 것을 구분하는 거야. 그러면 낙담할 일이 없어지지.

열정은 너무 강력해서 이성만으로 맞서기는 어려워.
"더 나은 길을 알아도 우리는 잘못된 길로 접어들게 된다."

그러나 우리는 감정만큼 강력한, 이성 자체의 열정으로 거기에 맞서야 해. 스피노자는 이걸 "**신에 대한 지성적 사랑**"이라고 했어. 감정은 대상과 어긋나는 경우가 많지만, 이성이 이끄는 신을 향한 사랑은 완전히 맞아떨어지지!

신을 아는 것은 신을 사랑하는 것이며,
신을 사랑하는 것은 신을 아는 것이야.
이건 가능한 최고의 사랑이야.
우리는 신의 일부이고, 우리가 신을 사랑하는 것은 신이 자신을 사랑하는 것이니까. 우리가 우리 자신을 사랑할 때, 우리는 우주를 사랑하는 거라고.

스피노자는 말했어. "신이 인류를 사랑한다고는 할 수 없다. 하물며 인류가 신을 사랑하기 때문에 신이 인간을 사랑한다거나, 인류가 신을 미워하니 신이 인류를 미워한다고 보는 것도 옳지 않다."

스피노자의 신은 기적을 일으키지 않아.
기도에 응답하지도 않지.

신은 너를, 네가 사랑하는 것들을 굽어보지 않아.
우리가 항상 우리 몸 일부분을 관찰하면서 보내지 않는 것처럼.

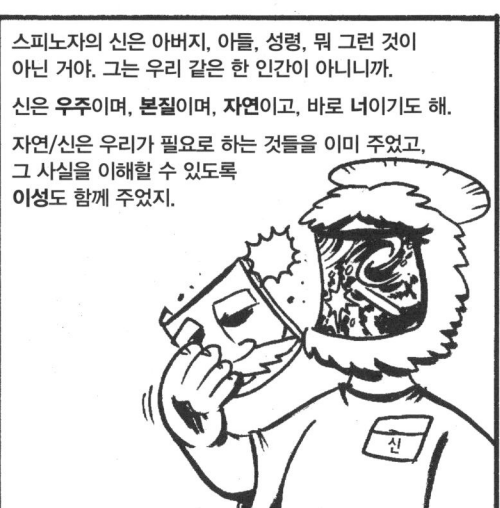

흄은 이렇게 말했어. "내 자신 속으로 깊이 침잠해 보면 항상 특정한 지각들을 발견하게 된다. 뜨겁거나 차갑거나, 사랑하거나 증오하거나, 고통스럽거나 즐겁거나 하는 이 지각들 없이는 내 자신, 자아에 절대로 가 닿을 수 없고 아무것도 관찰할 수가 없다."

다시 말하자면, 우리 정체성이란 우리가 축적해 온 지각들의 총합인 거야.
우리는 우리가 연속적 자아를 갖고 있다고 믿어. 단지 '연상의 습관'일 뿐인 이것이 인과 관계를 만든 거지.
우리가 매 순간마다 이전과 같은 사람이라고 느끼는 건 그래서라고!

런던에서 건너와 미국을 통치하던 영국 귀족들을 제퍼슨이 좋아했겠어?

그는 1774년, 영국으로부터의 완전한 독립을 공개적으로 지지한 최초의 혁명가 중 하나였어!

제퍼슨은 독립 선언서에서 민주주의를 역설하며 역사상 가장 기억하기 쉬운 구호를 내걸었어. '**행복 추구**!'

하지만 그는 행복만을 좇는 히피가 아니었어. '행복 추구'란 말은 그가 속한 계급 사람들에겐 특정한 의미를 가졌으니까.

제퍼슨이 보기에, 미국은 인텔리 농부들이 지배하는 농업 천국이 될 것 같았어!

165

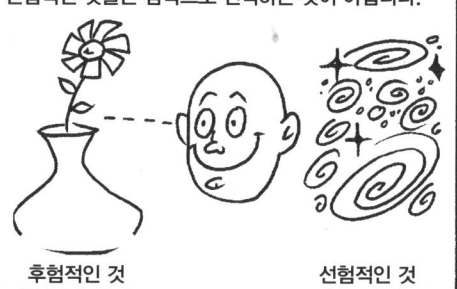

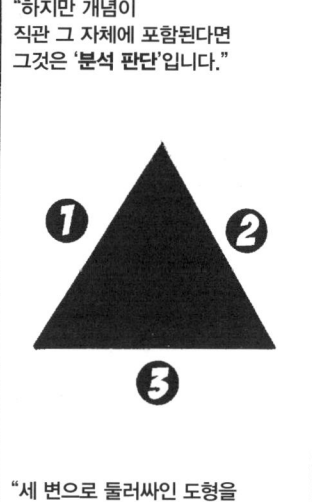

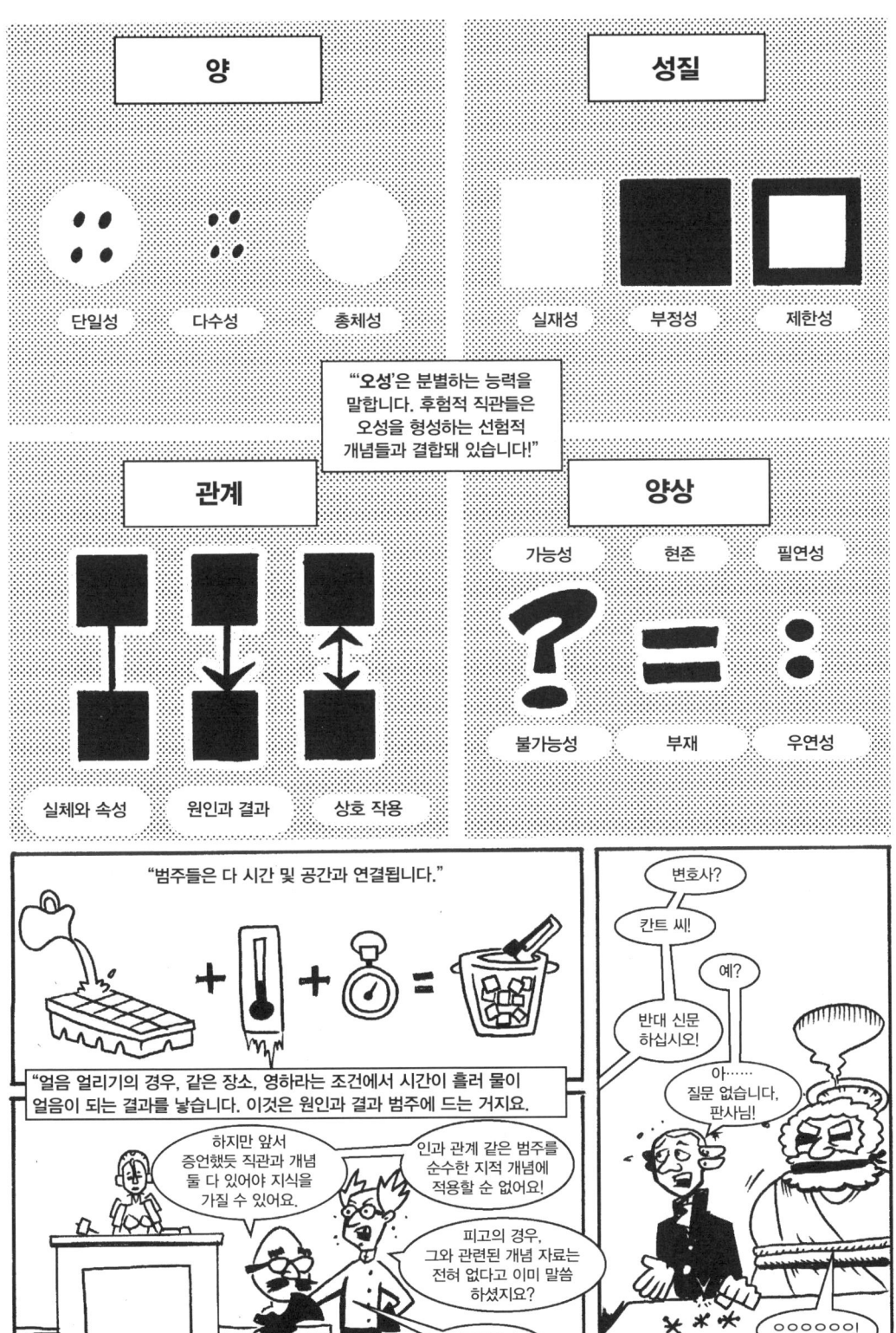

"우리가 관여하지 않으면, 이성은 외부 세계를 우리 내적 세계에 맞추려는 잘못된 시도를 하게 됩니다.
접하는 자료들을 어떤 틀에 욱여넣는 거지요!

9.11 사건을 음모론적 시각에서 다루는 다큐멘터리 〈루즈 체인지〉를 예로 들어 볼까요?
인터넷에서 큰 인기를 끈 이 다큐는 사실들을 삐딱하게 꼬아서 자기 틀에 맞추는 모습을 잘 보여 줍니다."

2000년 9월, 보수파 두뇌 집단들은 미국의 방위 체제를 개편하려면 '새로운 진주만'이 필요하다는 내용의 보고서를 내놨습니다.
(딕 체니, 도널드 럼즈펠드, 젭 부시 및 측근들이 참여했지요.)

그 해 10월, 국방부는 보잉747기의 빌딩 충돌 모의 실험을 했어요.

9.11 테러가 일어나기 넉 달 전, 뉴욕 쌍둥이 빌딩 소유주는 35억 달러에 달하는 테러 보험에 들었습니다.

그러나 그 보고서에는 미국의 군사력 증강을 위해서 꼭 공격을 받아야만 한다는 말은 없어요!

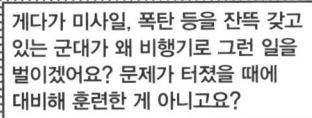

게다가 미사일, 폭탄 등을 잔뜩 갖고 있는 군대가 왜 비행기로 그런 일을 벌이겠어요? 문제가 터졌을 때에 대비해 훈련한 게 아니고요?

1993년에도 세계 무역 센터에 테러가 시도됐었다고요. 언제 있을지 모르는 테러에 대비해 보험을 드는 건 아주 현명한 생각 같지 않습니까?

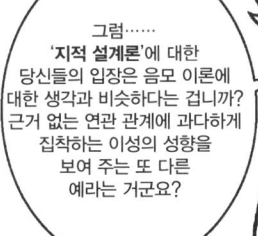

그럼…… '지적 설계론'에 대한 당신들의 입장은 음모 이론에 대한 생각과 비슷하다는 겁니까? 근거 없는 연관 관계에 과다하게 집착하는 이성의 성향을 보여 주는 또 다른 예라는 거군요?

네! 우리 둘 다 그렇게 생각합니다!

*인간의 의식 바깥에 있는 사물 혹은 객관적 실체를 말해.—옮긴이

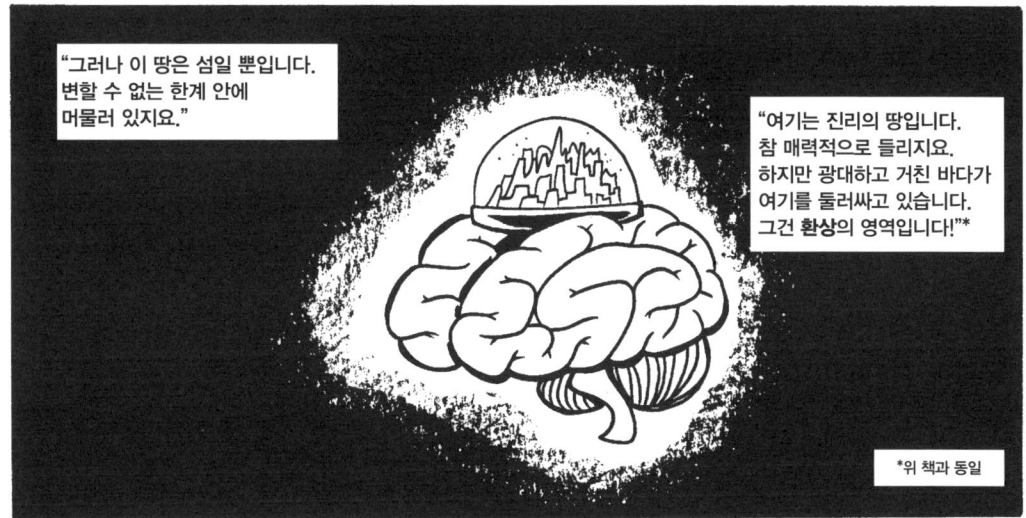

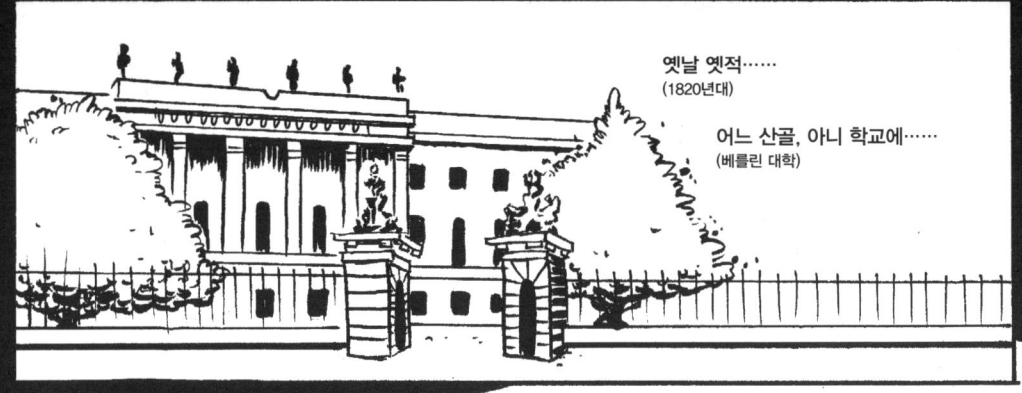

옛날 옛적……
(1820년대)

어느 산골, 아니 학교에……
(베를린 대학)

두 교수가 살았어.

게오르크 헤겔

아르투어 쇼펜하우어

칸트

그들은 모두……

이마누엘 칸트

가 최고의 철학자라고 생각했지.

종합(만화책) =
테제(글: 프레드 반렌트) +
안티테제(그림: 라이언 던래비)

혹은

세계(만화책) =
관념(글: 프레드 반렌트) +
표상(그림: 라이언 던래비)

하지만 이 둘은 물자체가 근본적으로 알 수 없는 것이라고 한 칸트의 말에는 동의하지 않았어.

하지만 바로 여기에서부터…… 이 둘의 길은 완전히 달라졌지.

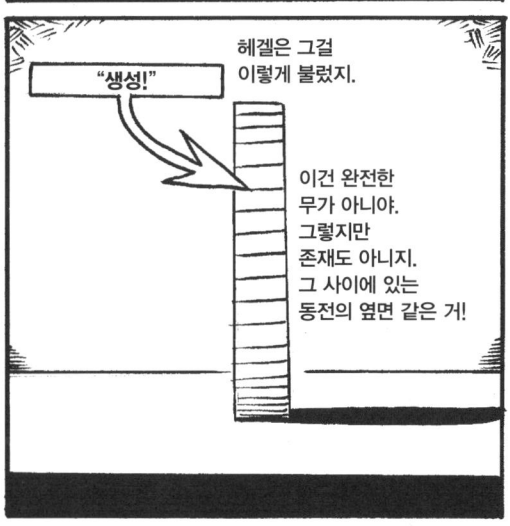
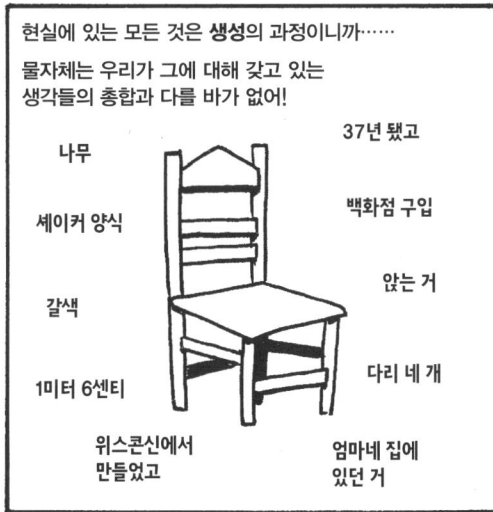

헤겔이 말하길······

세계는, 그러니까 **자연**은, **관념**(종합)이 외부적·물질적으로 나타난 것(안티테제)이야!

정신은 **관념**과 **자연**의 종합인데, 인간의 행동으로 나타나는 거지.

'자유의 왕국'에서 가장 높은 추상 단계에 있어.

개별적 사물이 형태 없는 존재로부터 나오는 것처럼 역사 속의 개별적 순간들도 정신으로부터 나온대.

또 절대 관념이 실현의 끝없는 과정 속에 있듯이, 역사 자체도 절대 정신의 완벽한 표현을 향한 끝없는 진보라는 거야!

종교의 경우, 무정형의 **애니미즘**(테제)에서 시작하여 비기독교적 **신인동형론***(안티테제)으로 나아가게 돼. 이때 구체적인 신들이 구체적인 창조물의 구체적인 면으로 구현되지. 그리고 이는 다시 **기독교**(종합)에서 정점에 이르는데, 기독교에서는 모든 피조물이 하나의 신에 의해 창조된 것으로 보는 거야!

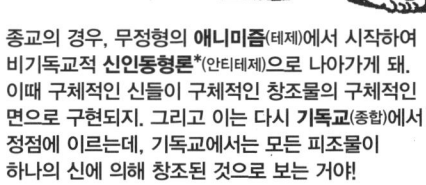

*자연 현상, 동물, 신, 영혼 등에 인간적 특성을 부여하는 것을 말한다.—옮긴이

마찬가지로, 국가는 인간에 의해 창조되는 것이 아니라, 역사의 변증법적 운동으로부터 나온 거야!

헤겔은 "국가는 윤리적 이념들의 실현이다."라고 했어. 최대의 자유를 향한 인간의 투쟁이라고 본 거야.

그래서 **왕**(테제)으로부터 **민주주의**(안티테제)로, 그리고 다시 **유럽식 군주제**(종합)로 변해 왔다는 거지!

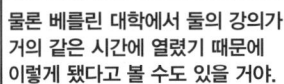

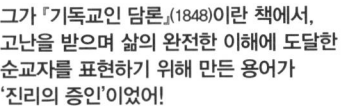

돈 후안은 삶의 **심미적 단계**를 대표해.
돈 후안은 충동과 감정에 지배되는 인물이야.
무절제한 생활을 하는 그에겐 경험의 질은 별게 아냐.
오직 다양성과 횟수만 중요할 뿐!

하지만 이성적 인간은 감각보다는 더 고차원적인 것을 인식하고 거기에 끌리게 되지.
소크라테스로 대표되는 윤리적 단계로 진입하는 거야.
보편적 윤리에 비춰 자기 삶을 돌아보는 단계야.

남자가 결혼이라는 윤리적 계약에 따라 성적 충동을 스스로 억제할 수 있게 되는 거라고나 할까?
하지만 윤리적 인간은 도덕 법칙을 따르는 것이 고통을 가져온다는 것을 발견하고, '**믿음의 도약**' (이것도 키르케고르가 만든 말이야.)을 해야만 해!

종교적 믿음의 비합리성을 향해서 말이야.
그리스도의 역설이 그걸 잘 보여 주지.
무한한 것(신)이 유한한 것(예수)으로 나타나다니!

이봐, 의심과 싸우지 않고서는 믿을 수 없다고, 안 그래?

존재하는 사실을 알기만 해서는 믿음이 생기질 않아!

맞아!

합리성

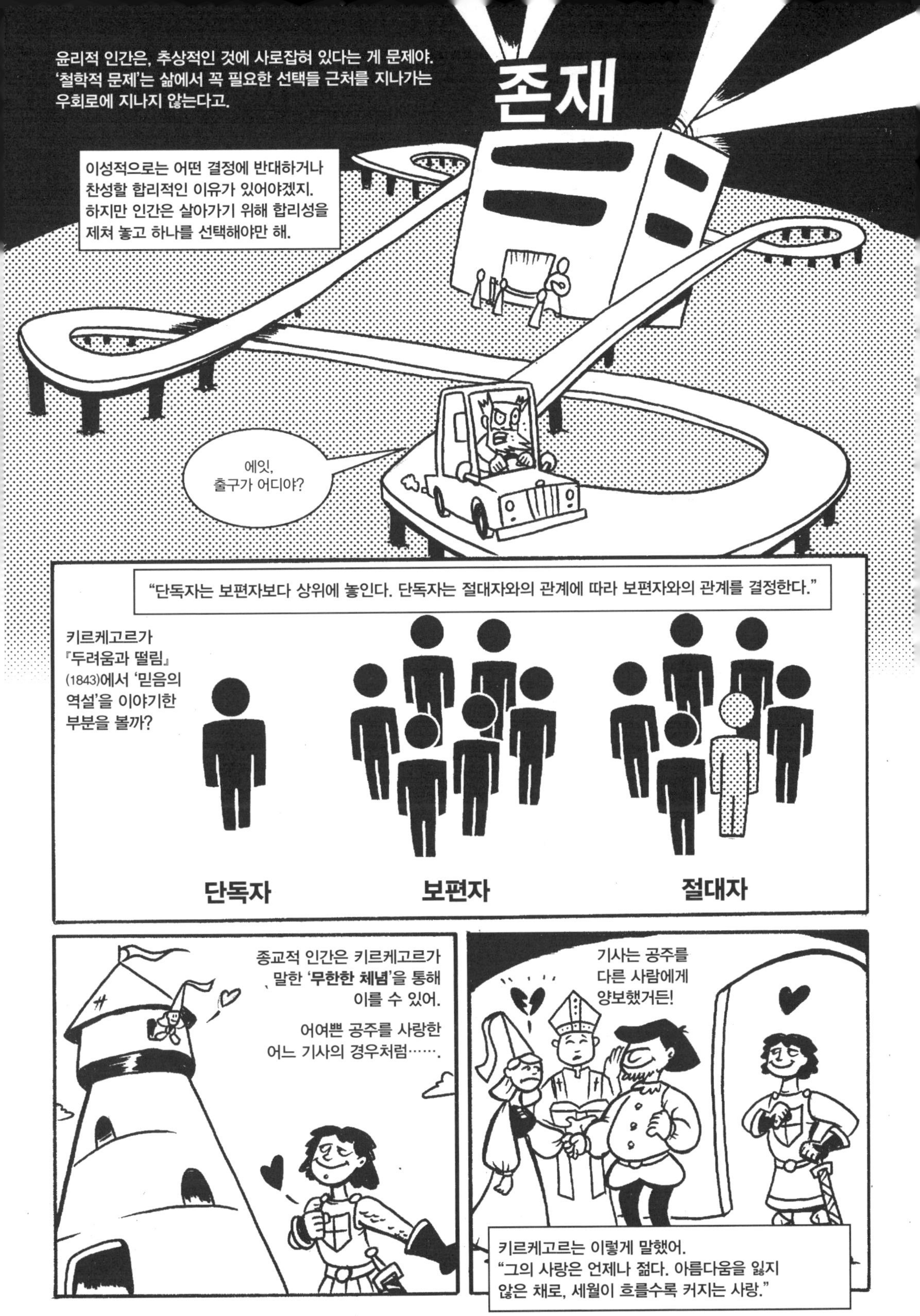

윤리적 인간은, 추상적인 것에 사로잡혀 있다는 게 문제야. '철학적 문제'는 삶에서 꼭 필요한 선택들 근처를 지나가는 우회로에 지나지 않는다고.

이성적으로는 어떤 결정에 반대하거나 찬성할 합리적인 이유가 있어야겠지. 하지만 인간은 살아가기 위해 합리성을 제쳐 놓고 하나를 선택해야만 해.

에잇, 출구가 어디야?

"단독자는 보편자보다 상위에 놓인다. 단독자는 절대자와의 관계에 따라 보편자와의 관계를 결정한다."

키르케고르가 『두려움과 떨림』(1843)에서 '믿음의 역설'을 이야기한 부분을 볼까?

단독자   보편자   절대자

종교적 인간은 키르케고르가 말한 **무한한 체념**을 통해 이를 수 있어.
어여쁜 공주를 사랑한 어느 기사의 경우처럼……

기사는 공주를 다른 사람에게 양보했거든!

키르케고르는 이렇게 말했어.
"그의 사랑은 언제나 젊다. 아름다움을 잃지 않은 채로, 세월이 흐를수록 커지는 사랑."

무슨 무슨 '주의'가 판치는 한심한 우리 시대

현대 철학

임금을 노동자가 생산한 상품의 교환 가치보다 낮게 유지하는 것, 그게 **잉여 가치**를 만드는 열쇠야!

노동자들이 노동에서 나오는 이익을 직접 취할 수 없게 하면 더 좋지. 이게 바로 **노동 소외**야.

이 시시한 일에 내 인생 전부를 바친 기분이군…….

오늘이 출근 첫날인데!

소외를 보상받으려고, 노동자들은 상품을 탐닉하는 데 돈을 다 써버려!

이 장난감을 몽땅 사버리겠어! 으하하하!

너희는 생산자이기도 하고 소비자이기도 하지…….

나는 거기서 나온 잉여 가치를 챙기는 거고! 헤헤!

헤에…… 노동자들은 자기 노동 시간을 임금과 바꾸는 거네요. 그다음엔 자신들이 생산한 바로 그 상품을 소비해서 자본가들에게 다시 임금을 돌려주는 셈이고요!

무서운 악순환이네요! 이걸 멈추게 할 무슨 방법이 있겠죠, 마르크스 아저씨?

프레디, 여기 준비해 뒀단다.

M-600이야.

철컥 철컥

시작해 볼까?

아…….

그걸로 뭘 하시려고요, 아저씨?

215

불행이란……

"고통스럽고 즐거움이 없는 것."
—존 스튜어트 밀, 「공리주의」(1863)

행복이란……

"고통 없이 즐거운 것."

최대 행복의 원칙은……

"행복감을 증진시키는 행동을 하고, 행복감을 낮추는 행동을 안 하는 것."

어린이 여러분!

기다리던 영웅이 나왔습니다!

프리드리히 니체!
당장 구매하세요!

프레드 반렌트 글 · 라이언 던래비 그림

1844년 독일 라이프치히의 목회자 집안에서 태어난 니체는 어릴 때 당연히 목사가 되고 싶어 했어.

하지만 대학에서 고전학으로 전공을 바꿨어.

(물론 평생토록 구원이라는 주제를 버리지 않았지만!)

1868년에는 스위스 바젤 대학의 고전 문학 교수가 돼.

젊은 니체는 『비극의 탄생』(1872)이란 책으로 유명해졌어. 이 책은 아테네의 비극들이 문화적 통합을 꾀하는 국가주의 성격을 가졌다고 주장해.

아테네로!
스파르타를 저부수자
그리스 통치

니체에게 고대 아테네는 근대 독일의 거울과 같았어. 여러 공국들이 다투던 독일은 이제 막 정치적 통일을 이뤄 가고 있었으니까.

전 유럽에서 등장하던 공산주의라는 유령이 쉽게 자리 잡을 만한 곳도 독일이었어!

노동자여 단결하라!

마르크스? 순 똥 덩어리!

건강 악화로 1878년에 교수직을 사임한 니체는 반사회주의적인 사상을 더 발전시켰고, 나중엔 서구 사회 전체를 공격하기에 이르렀지!

그의 생각을 한마디로 말하자면,

"**평등**은 인간이 만들어 낸 개념이며, 가짜인 데다가 궁극적으로는 타락이다."

니체의 생각은 민주주의적인 사고 방식과는 정반대였지만, 펑크 록 밴드를 연상시키는 구석도 있었지!

너희 중 98프로는 똥, 똥, 똥 덩어리!! 예에에에에!

자라 투스트라

휴, 그래서인지 몰라도 사람들은 그의 생각에 혹했어.

큰 물고기가 작은 물고기를 잡아먹으려고 하면 이렇게들 말하잖아?

호오, 이게 바로 자연의 균형이지!

적자생존이거든! 자연은 오묘하고 아름다워!

하지만 힘센 사람이 약한 사람에게 비슷한 짓을 하면 이렇게 말해.

저런 건방지고 못되고 부도덕한 놈!

범죄자니까 감옥에 보내라고 난리일 거야!

힘이 센데 나보고 어쩌라고?

평등은 엉터리야. 물고기와 마찬가지로 어떤 사람은 더 크고 더 힘세고 더 영리하잖아! 하지만 인간 세계에선 그 때문에 배척을 당해.

어떤 때든 인간들 사이에 '큰 물고기'가 없던 적은 없었어. 부(富), 법, 종교처럼 인간이 만들어 낸 다른 개념들이 그 뒤를 봐준 거지.

그러니까 평등은 타락이야. 모두를 위선자로 만들잖아?

무의식적이든 아니든 우리가 아는 것은 다 거짓이니까.

순수한 경험주의!
살아 있는 육신과 죽은 육신은 같은 양의 입자들로 구성되어 있습니다.
구조적으로 그 차이를 알 수 없지요.
웬 헛소리야!
에휴, 작작 해라.
또 똥 덩어리구먼.
쿠아아앙!
슬퍼하는 부모님한테도 그런 소릴 지껄일 수 있으시겠어요? 우린 때론 신앙의 위로가 필요하죠.
만약 신학적 이상이 구체적인 삶에서 가치가 있다는 게 증명된다면 그 관념은 참이겠죠. 실용주의에서 존재의 의미가 그렇습니다.
어떤 사실이 진실인지의 여부는 그것과 관련된 사실들이 얼마나 진실한 것인가에 달려 있어요.*
그러니 썩 꺼져 주세요! (그리고 바지라도 좀 입어요!)
* 윌리엄 제임스, 『실용주의』(1907)

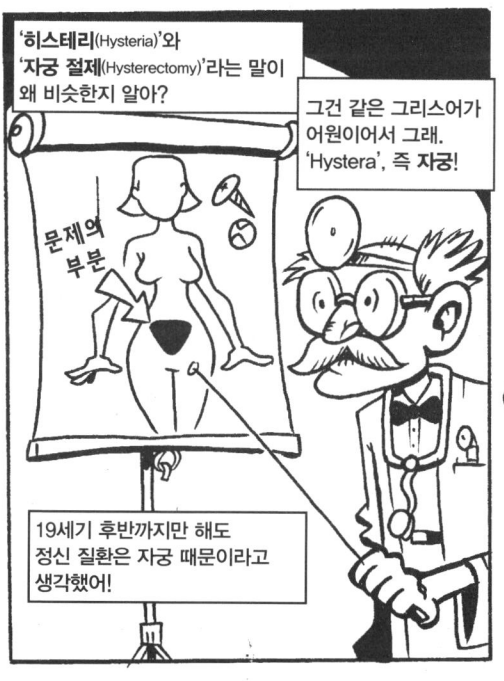

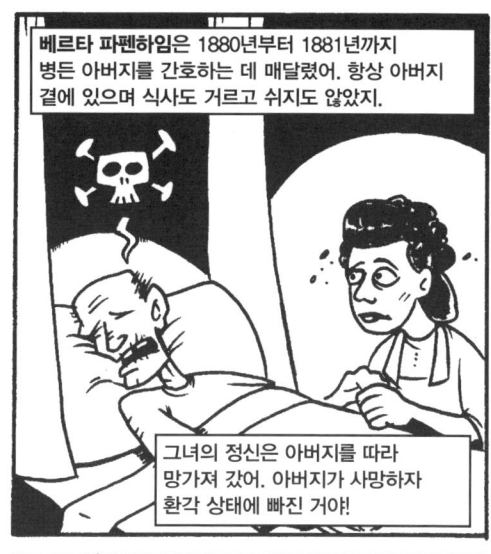

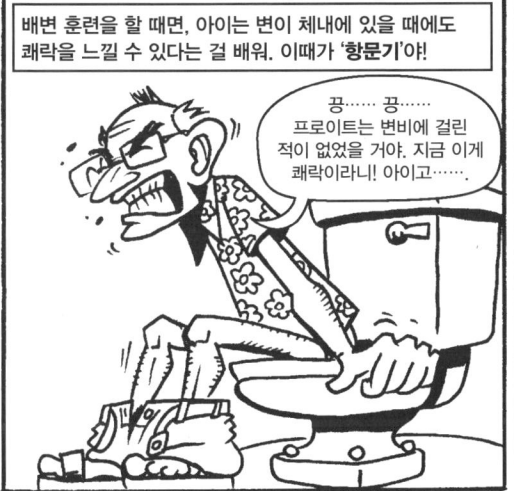

'상대'의 성을 자기 마음대로 규정한 탓에, 프로이트의 성 관점은 심하게 보수적이었지! 그의 기준에 따르면 리비도의 '건전한' 그리고 유일한 분출구는 일부일처 이성애뿐이었으니까.

그래서 이후로도 수십 년간 자위, 자유분방한 성관계, 동성애, 양성애, 그 밖에도 별로 해가 되지 않는 여러 가지 페티시들은 '변태'로 묶여야 했어!

프로이트는 건강한 자아라면 어느 정도 자신을 억압하는 것이 가능하다고 보았으니까. 억지로가 아니라 자기 스스로의 의지로 말이야.

좋아! 좋아!

안 돼! 안 돼!

그는 성기기 아이의 리비도가 처음 고착되는 대상이 반대 성을 가진 부모라고 했어. 그리고 정상적인 발달을 위해서는 그 억압이 꼭 필요하다고 봤지!

남자 아이의 경우, 이건 '오이디푸스 콤플렉스'라고 불려. 스핑크스의 수수께끼를 풀고는 우연히 자기 아버지를 죽이고 어머니와 결혼한 신화 속 인물의 이름을 딴 거야.

내가 왜 그런 수수께끼 놀이를 시작했는지 모르겠어요.

어렸을 때 부모님의 관심을 끌려고 그리핀과 심하게 싸웠었는데…….

프로이트는 유년기 때 아이들은 다른 성의 성기를 보게 되는 경험을 한다고 했어.

왜 나는 저게 없지?

쟤한테 무슨 일이 생긴 거야?

프로이트에 따르면, 남자아이는 아버지가 여자아이의 성기를 잘랐다고 여긴대!

자기의 성기도 잃어버릴지도 모른다는 불안 때문에 남자아이는 오이디푸스 콤플렉스를 억압할 수 있다는 거야!

프로이트가 아직 전 세계적인 명성을 떨치기 전인 1909년, 프로이트 박사는 미국 매사추세츠의 클라크 대학에서 강의를 해달라는 요청을 받았어.

프로이트는 여행 공포증이 있었는데 최근에 들어서는 좀 나아지고 있었어. 하지만 그래도 그는 가장 가까운 제자에게 동행을 부탁했지.

그 제자가 바로……

카를 구스타프 융!

뉴욕에 가던 길에 프로이트와 융은 독일 브레멘의 성당 지하실에 있는 유명한 미라들을 보러 갔어.

"축축한 지하실에서 이 빼빼 마른 친구를 보니 자네가 말해 준 꿈이 생각나는군, 카를!"

"아…… 무슨…… 꿈 말인가요? 프로이트 박사님?"

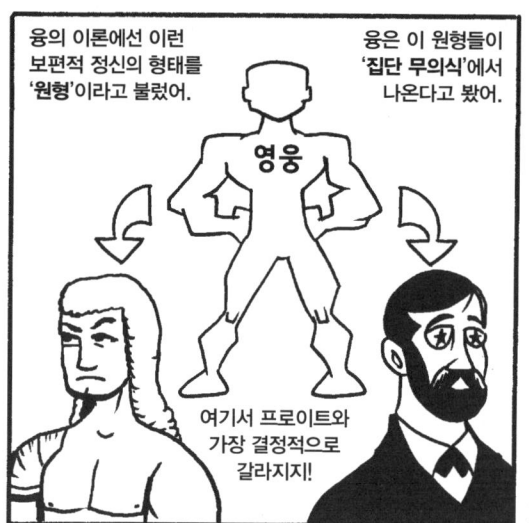

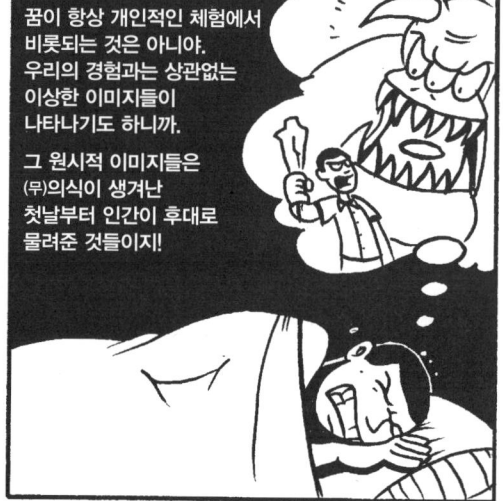

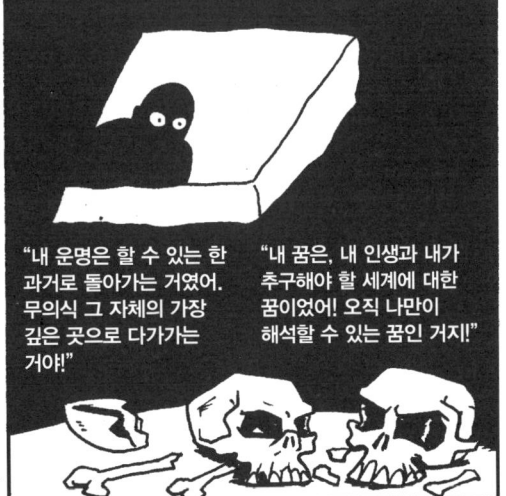

*실제로 둘 사이에 오간 대화임!

러셀은 철학이 현실을 정확하게 반영하는 명제가 되기를 원했어.

논리적으로 완벽한 언어는 사실들을 단순한 요소들로 정리하여 불명료한 부분을 없애 줄 거라고!

프랑스의 왕은 대머리이다.

자, 이 문장은 겉으로 보기엔 단순해……

하지만 실제로는 '원자적 사실들'로
쪼개질 수 있는 거야!

1.0 프랑스에 왕이 '있다'.
2.0 프랑스에는 단 '한 명의' 왕이 있다.
3.0 프랑스의 왕이 무엇이든 그는 '대머리'이다.

러셀은 모든 논리적·철학적 문제들이 원자적 사실들의 연쇄로, 혹은 '분자적 명제들'로 표현될 수 있다고 믿었어!

훌륭한 수학자이기도 했던 러셀은 수학적 표기법을 다듬기도 했어. 이 표기법은 오늘날에도 여전히 쓰이지. 앞의 명제는 아래와 같이 쓸 수 있어.

$$(\exists x) [Fx \ \& \ (y) (Fy \rightarrow y=x) \ \& \ Gx]$$

(음…… 설명해 달라고는 하지 마…….)

'루키'는 스승이 추구한 명료함을 온몸으로 보여 주는 학생이었지. 1912년에 케임브리지의 '윤리학 모임'에 참석했을 때야.

자, 오늘은 루트비히가 '철학이란 무엇인가'를 주제로 발제를 해왔어.

루트비히?

흠흠…….

철학이란 무엇인가?

철학은 자연과학에 의해 입증되지 않았다고 추정되는 모든 근본적 명제들을 가리킨다.

털썩!

음…… 고맙구나.

자…… 그럼 자유 토론을 할 차례인데…….

루트비히의 발제가…….

빈학파는 「논리 철학 논고」가 자신들의 '검증 원리'를 떠받들어 줄 완벽한 지침서라고 생각했어.
2. 사례인 것, 즉 한 사실은 사태들의 존립이다.
2.1 우리는 우리 자신에게 사실들의 그림을 그린다.
2.13 그림에서는 그림의 요소들이 대상들에 대응한다.
2.131 그림의 요소들은 대상들을 대표한다.

「논리 철학 논고」는 단순하고 엄격한 질서를 갖춘 책이야.
다른 말로 하면 분자 상태의 명제들을 중요도에 따라 번호를 매겨 배열한 책이지.

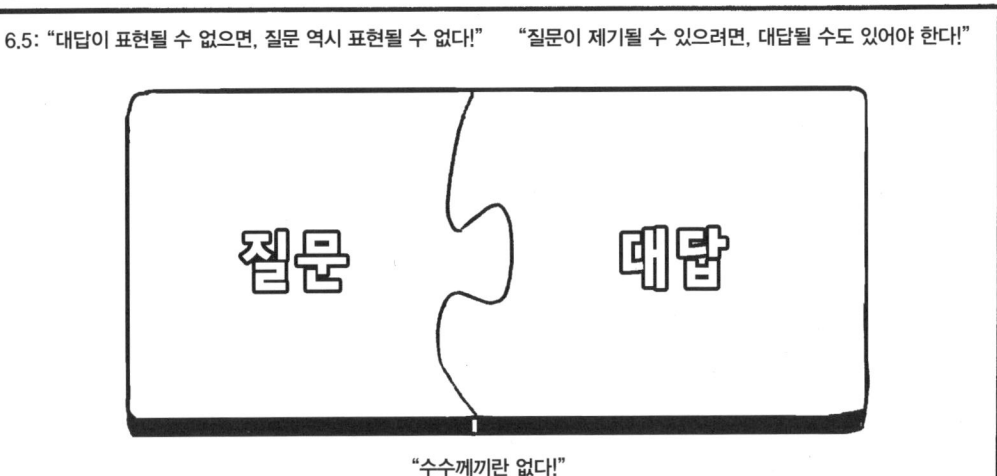

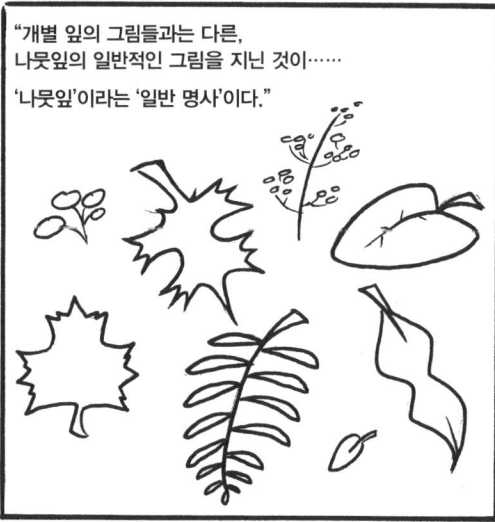
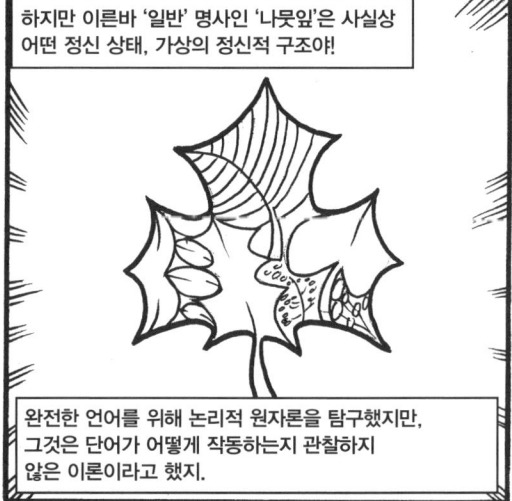

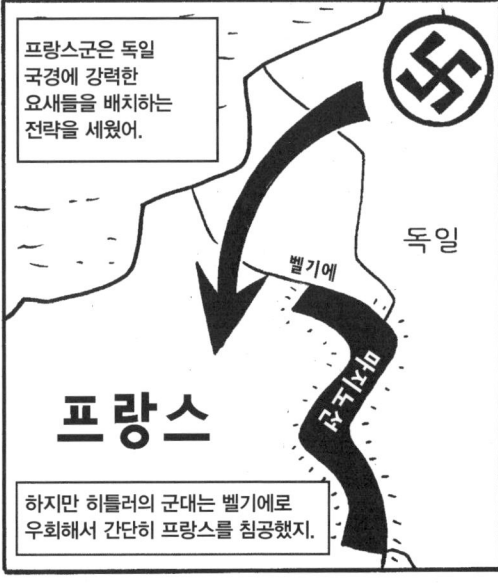

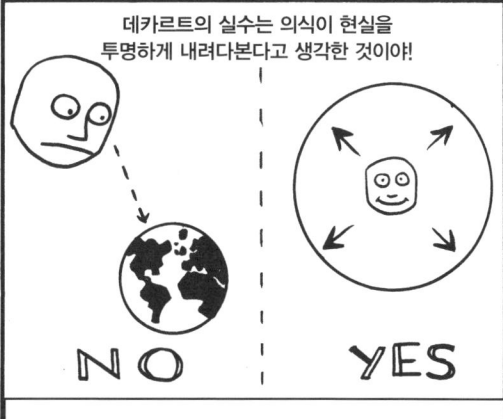

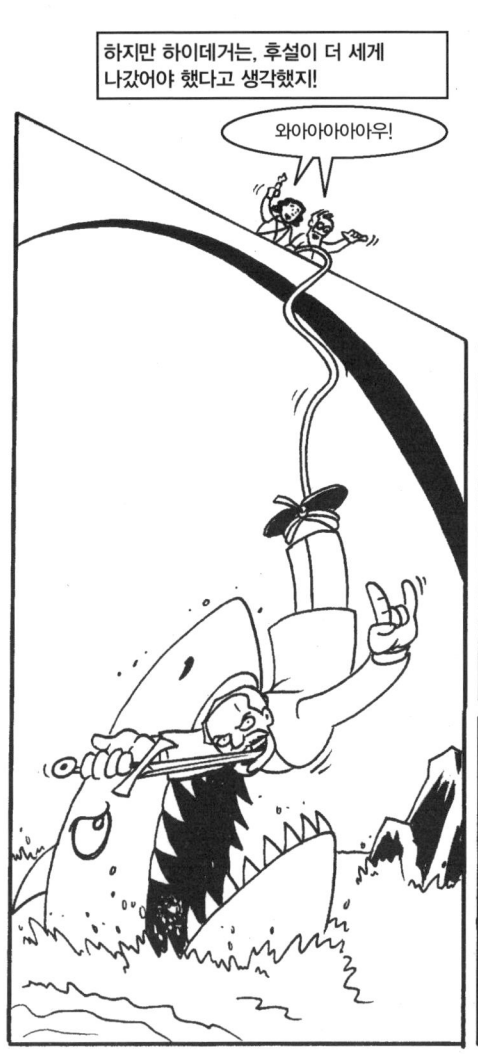

하지만 하이데거는, 후설이 더 세게 나갔어야 했다고 생각했지!

와아아아아아우!

전통적 철학은 인간 존재와 사물 존재를 같은 방식으로 다루고 있다는 게 그의 비판의 핵심이야.

왜 내가 존재하는가?

사물은 이런 생각을 안 해. 오직 인간 존재만이 자기 존재를 의식하니까.

『존재와 시간』에서 하이데거는, 인간 존재는 사물이 아니라 'Dasein'이라고 주장했어.

삶은 마음의 상태다.

Dasein은 보통 '현존재'로 번역되지.

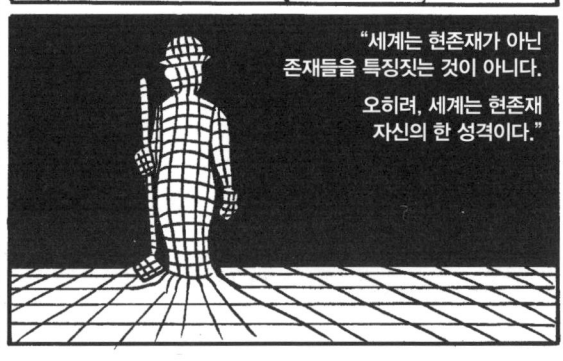

"세계는 현존재가 아닌 존재들을 특징짓는 것이 아니다. 오히려, 세계는 현존재 자신의 한 성격이다."

망치를 들었을 때를 예를 들어 보자. 우선 우리는 어떤 일을 하게 도와줄 도구를 만나.

망치를 휘두르다 보면, 우리 자신과 망치를 점점 덜 구분 짓게 되지.

그 일에 맞는 방식과 망치 자체를 구분하지도 못하게 되고.

"현존재는 세계다."라는 하이데거의 말은 이걸 의미해.

우리는 우리의 목적을 세계 속에 있는 사물들에 투사하고, 그래서 그것들을 존재하게 만드는 거야!

사르트르가 무기를 들고 싸운 레지스탕스의 일원이었다는 주장이 많지만, 그건 사실과 맞지 않아.

사실 그가 싸운 곳은 무대였어. 사르트르는 포로수용소의 크리스마스 야외극을 위해 대본을 쓴 적이 있어. 그는 극본을 쓰는 일에 흥미를 느꼈지.

1941년 캠벨은 융의 친한 친구이자 유명한 인도학자인 하인리히 치머를 만나게 돼. 치머는 그를 메리 멜런과 볼링겐 재단에 소개해 줬어.

1942년 치머가 죽은 후, 멜런은 캠벨에게 치머의 유고를 편집해 달라고 요청해. 그는 인도 신화에 빠져들었어!

또 스와미 니킬란다가 『우파니샤드』를 영어로 새로 번역하는 데에도 도움을 줬어. B.C. 8세기로 거슬러 올라가는 이 책은 인간과 우주의 본질에 관한 힌두교 경전이야.

『우파니샤드』의 가르침 중 유명한 것이 "Tat tvam asi"인데, 그 뜻은……

"그대가 바로 그것!"

"네 존재의 신비는 우주 자체의 존재에 담긴 신비와 같은 신비이다!"

"나는 나 자신의 창조물이다". 『우파니샤드』의 가르침 중 하나지.

스스로 자신의 신비를 파헤칠 수 있도록 돕는 거야. 이것은 힌두 신화와 종교 이야기의 기본적인 기능이지!

이런 문헌들을 접하면서, 인간 상상력의 신화적 대서사시를 한 장 한 장 보고 있다는 느낌이 들었어요.

캠벨은 19세기 민속학자 **아돌프 바스티안**의 영향도 받았어.

바스티안은 세계 신화들의 유사성을 '**원초적 관념들**'이라고 이름 붙였지.

……그리고 그 유사성이 역사상 서로 다른 여러 문화에 개별적으로 나타나면, '**민족적 관념들**'이라고 불렀고!

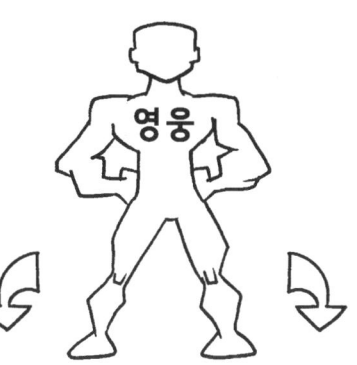

자, 이런 종교적 인물이 있어. 처녀의 몸에서 태어났고……

세례와 같은 의식을 치르고, 와인을 마시고, 빵을 찢고……

십자가로 상징되는……

12월 25일이 탄신일인 인물!

로마 제국의 주신이었던 미트라라고 답했다면, 그것도 맞아!

흐흐흐! 어때?

내 페니스로 눈을 내리게 하는 거 보고 싶어?

아…… 전혀.

물론 미트라와 예수, 이 둘만 비슷했다면 그리 흥미로울 것도 없는 일이겠지. 처녀 수태는 미트라와 예수뿐만 아니라, 수많은 이야기들에서 가장 원초적인 요소로 등장해.

이로쿼이 족의 위대한 중재자, 데가나위다도 그렇고……

하늘이 어머니의 배로 흰 코끼리의 형상을 내려 주었다고 하는 부처도 마찬가지야!

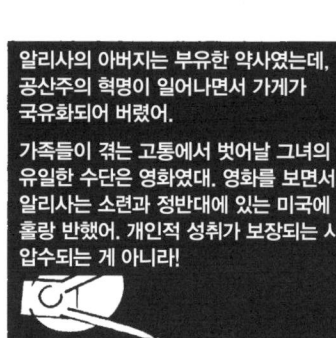
알리사의 아버지는 부유한 약사였는데, 공산주의 혁명이 일어나면서 가게가 국유화되어 버렸어.

가족들이 겪는 고통에서 벗어날 그녀의 유일한 수단은 영화였대. 영화를 보면서, 알리사는 소련과 정반대에 있는 미국에 홀랑 반했어. 개인적 성취가 보장되는 사회. 압수되는 게 아니라!

아직 영어가 서툴렀던 알리사가 극작가로 자리 잡는 건 어려웠지! 하지만 가장 좋아했던 영화 감독 세실 B. 데 밀과 면접을 하는 기회를 얻었어.

데 밀은 알리사에게 성경 대하 서사극 「왕 중의 왕」에 단역으로 출연하게 해줬어. 그 와중에 알리사는 동료 프랭크 오코너와 사랑에 빠져서, 1929년 결혼한 후 50여 년간 부부로 살게 돼.

영화계에서 별별 직업을 다 전전하다가, 알리사는 글을 쓰기로 결심했어.

첫 번째 소설은 『우리, 살아남은 자』(1936)였는데, 소련 체제에 대한 자서전적 고발을 담은 책이었어. 이 책을 내면서 소련에 남은 가족들의 안전을 걱정한 알리사는 이름을 **에인 랜드**로 바꿨지.

책은 잘 안 팔렸어. 대공황 와중이었고, 친사회주의적인 태도가 유행이었지. 할리우드에선 특히 그랬어.

스탈린 동무는 러시아에 노동자의 낙원을 만들었답니다. 우리 미국도 그를 배워야 해요!

응석받이에, 잘난 척하는 바보들! 믿고 싶은 것만 믿으며 환상을 보고 있군! 볼셰비키는 약탈자라고!

랜드는 다른 길을 모색했어. 데 밀의 각색 부서에서 「마천루」라는 영화를 기획할 때의 경험에서 영감을 얻었지.

미국 뉴욕에 처음 도착했을 때 고층 건물들에 압도되었던 기억을 떠올리면서, 그녀는 『파운틴헤드』(1943)라는 소설을 썼어. 그저 이야기 중심의 소설이 아니라 하나의 가치 체계를 담은 책이었지.

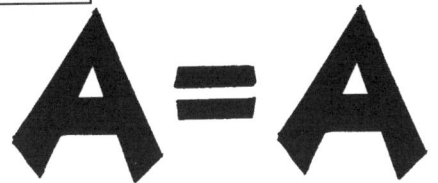

**이런 약탈자들은 '사회의 이익'을 위해 자기를 희생하라고 몰아세우지.
이들은 갖가지 간교한 말들을 늘어놓으며 역사에 언제나 등장하는 악당들이야!**

푸코의 서커스

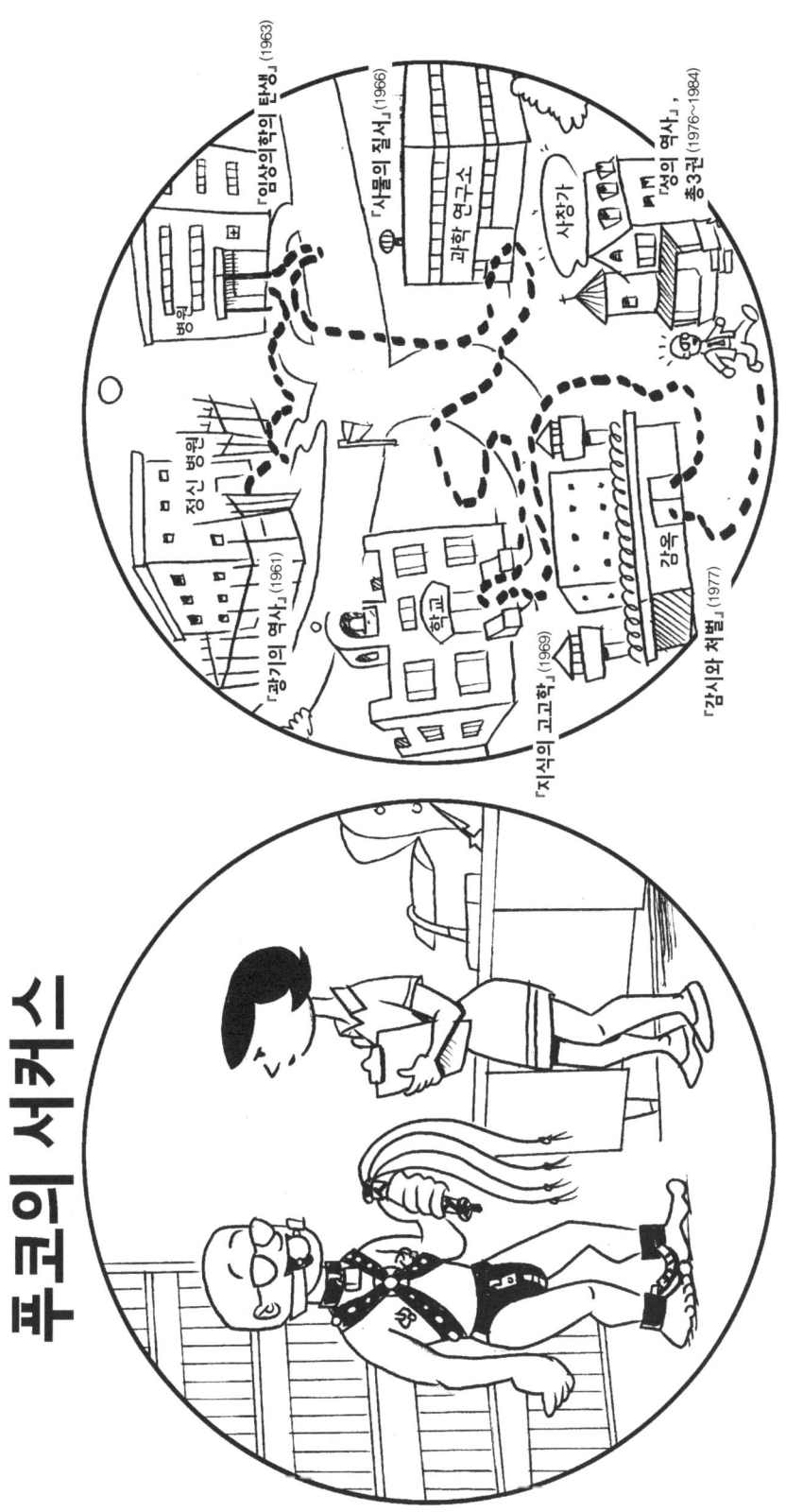

"아, 맞아요. 제 새 책 제목이 『감시와 처벌』입니다. 어떻게 알았죠?"

미셸 푸코(1926~1984)는 콜레주 드 프랑스에 교수로 있을 당시 **'사상사'**(The History of Systems of Thought)를 가르쳤어. 이는 사회 제도들의 논리 구조를 체계적으로 조사하고 비판한 그의 일생의 작업을 요령 있게 축약한 말이었지.

『임상의학의 탄생』(1963)
『사물의 질서』(1966)
『성의 역사』(1976~1984)
총3권
『광기의 역사』(1961)
『지식의 고고학』(1969)
『감시와 처벌』(1977)

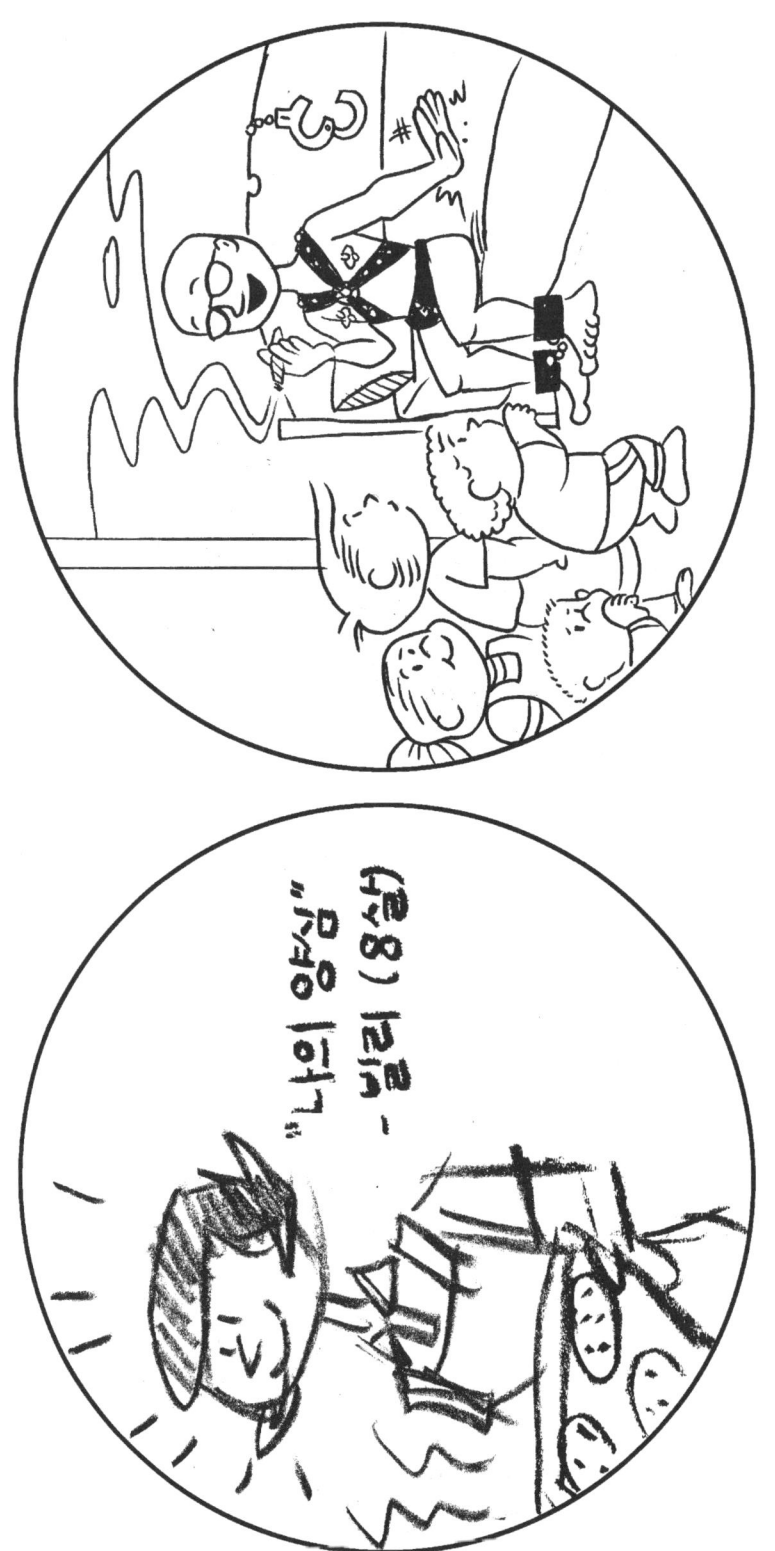

당연히 푸코는 사회적 자유에 대해 극단적인 견해를 갖고 있었고, 방탕하다는 평판을 얻었어. 그는 안면이 없는 게이들과 S&M섹스를 즐겼어(그가 에이즈로 죽게 아니냐는 추측도 여기에 근거해.) 해시시에 취해 토론을 벌였어. 1977년에는 결혼 및 섹스의 동의 연령 제한을 폐지하에 달라는 청원을 하기도 했지. (성공하지는 못했어.)

사회 제도들이 재판적이거나 본질적인 지식을 추구한다고 자처했음에도, 푸코는 그 제도들이 형성한 '진리들'은 당신의 권력에 의해 사실상 정교하게 구성되어 있다고 주장했어. 권력 없는 지들에게 무의식적으로 권력의 가치 체계와 사유 구조를 내면화하도록 강요하여 '사회적 행위자들을 다루기 쉽게 바꾸기' 위해서야. 나이가 푸코는 그가 말하는 '권력-지식' 이외의 권력은 없다고 단언했어.

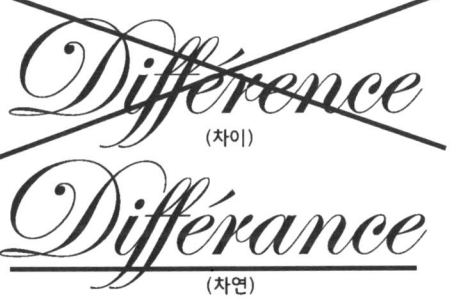

이 책은 이렇게 끝나는 걸까?

용어 해설

가능태Potentiality와 현실태Actuality
현실화될 가능성을 품고 있는 존재와 현실화된 존재를 말한다. 아리스토텔레스의 존재론에서 중요한 개념이다. 아리스토텔레스는 형상과 질료라는 플라톤의 존재론에 가능태와 현실태를 더하여 세계의 생성과 변화를 드러내고자 했다.

객관주의Objectivism
넓게는 진리가 주관적 의식 바깥에 객관적으로 존재한다고 보는 시각을 뜻하며, 좁게는 20세기 미국의 에인 랜드가 설파한 철학 사상을 가리킨다. 랜드는 객관적 외부 세계에 대한 이성적 태도를 중시하면서 개인주의를 옹호하고 자본주의를 예찬하였다.

검증 원리Verification Principle
빈학파의 논리 실증주의가 내세운 원칙. 이들은 경험으로 입증되거나 논리적으로 검증되지 않는 명제들은 의미가 없다고 주장했다. 따라서 증명될 수 없는 형이상학적 주장들은 설 자리를 잃는다는 것이다. 그러나 검증 자체도 추론에 기반하고 있으므로 검증 원리는 완전히 논리적인 기준으로 자리 잡기가 어렵다는 문제점을 갖는다.

견유학파Cynics
인습을 거부하고 자연을 따르는 삶을 추구한 그리스 철학 학파. 세속적인 삶과 욕망을 조롱하며 경계하였고, 의도적으로 관습과 제도에 반항하는 삶을 실천하였다. '냉소주의'라는 말의 어원이기도 하다.

경험주의Empiricism
경험을 통해 얻은 사실과 증거에 기반을 둔 것만을 지식으로 받아들여야 한다는 태도, 방법론, 인식론을 가리킨다. 따라서 합리주의와 함께 과학적 방법론을 뒷받침하는 개념의 하나이지만, 경험보다는 이성을 중시하는 합리주의와는 일정하게 구분된다. 대표적인 경험론자로는 17세기 영국의 계몽주의 사상가 존 로크가 있다.

계몽주의Enlightenment
17, 18세기 유럽에서 사회 전반에 걸쳐 활발하게 전개된 다양한 사상 혹은 운동들을 의미한다. 이성과 자유를 내세우며 기존의 사회 질서에서의 진보를 꾀하였다. 근대 시민 혁명에 결정적인 영향을 끼쳤다. 홉스, 로크, 몽테스키외, 볼테르, 루소, 칸트 등의 여러 철학자들이 모두 계몽주의로 포괄되곤 한다.

공리주의Utilitarianism
행복과 쾌락을 윤리적 선(善)과 일치시키는 태도 및 사상. 영국의 벤담과 밀이 공리주의의 대표적인 인물이다. 밀은 사회의 다수 구성원이 최대한의 행복을 갖도록 하는 것이 행위의 기준이 되어야 한다는 윤리관 혹은 정치관을 "최대 다수의 최대 행복"이라는 유명한 어구로 표현하였다.

구조주의Structuralism
대상 사물들 사이의 관계, 즉 체계와 구조를 중시하는 이론으로, 소쉬르의 언어학 연구를 그 효시로 본다. 인류학, 정신 분석, 사회학, 역사학, 문학 등 20세기의 학문 전반에 큰 영향을 끼쳤다. 철학에서는 주체와 인간을 중시하는 사유 태도에 대한 반발을 가져왔다.

귀납의 문제Problems of Induction
흄이 회의주의에 의거하여 제기한 귀납적 추론의 난점. 귀납법은 축적된 관찰과 경험을 바탕으로 과학적 사실을 도출하는 것이지만, 흄은 "미래가 과거와 비슷하리라고 확신할 수 있는가?"라는 질문을 던지면서 귀납적 믿음에는 이성적 근거가 없으며 이는 유사한 시간의 반복이 낳은 습관일 뿐이라고 비판하였다.

단일 신화Monomyth
신화학자 조지프 캠벨이 『천의 얼굴을 가진 영웅』에서 제기한 개념. 모든 신화가 비슷한 구조와 형식을 갖고 있다는 데에 주목한 캠벨은 융의 집단 무의식 이론을 받아들여 인류의 보편적 무의식을 보여 주는 단일 신화가 존재한다고 주장했다. 따라서 모든 인간은 단일 신화를 통해 자기의 운명을 탐색할 수 있다.

도덕 상대주의 Moral Relativism
흄이 말하는 도덕 상대주의는 단순히 윤리가 상황에 따라 달라진다는 의미가 아니다. 경험론적 회의주의를 내세운 흄은 도덕적 규범이 이성적, 객관적 기준에 의해서가 아니라 감정적, 주관적 기준에 따라 판단된다고 주장하였다. 즉 선과 악을 판별하는 것은 정의가 무엇인지를 느끼는 인간의 공감 능력에 달려 있다는 것이다.

리비도 Libido
인간의 무의식에 담겨 있는 본능적인 성적 에너지를 뜻하며, 프로이트의 정신 분석학에서 핵심 개념이다. 리비도의 충족, 억압, 승화 등은 인간의 사랑, 신경증, 예술 등 다양한 인간 정신 활동의 근원이 된다.

만인에 대한 만인의 투쟁 War of All against All
홉스가 『리바이어던』에서 사회 계약 이전, 인간의 위태로운 상태를 가정하며 사용한 표현. '만인에 대한 만인의 투쟁' 속에서 끝없는 폭력과 긴장 속에 놓인 인간은 자신의 자유와 권리를 주권자에게 맡기는 대신 보호와 안정을 획득한다.

모나드 Monad
가장 단순하고 부분을 갖지 않는 실체를 말한다. 단자라고도 번역한다. 라이프니츠는 모나드란 물질적인 것이 아니며 생겨나지도 없어지지도 변하지도 않는다고 주장했다. 가장 개별적이면서도 각각 우주를 표상하는 모나드 개념을 통해서 라이프니츠는 신이 창조한 조화로운 세계를 상정하였다.

무한자 The Infinite
밀레토스 학파의 아낙시만드로스는 세계의 근원을 '무한자'로 보았다. 개별 존재들은 무한하고 비결정적인 무한자의 운동으로 인해 출현하며, 파괴되면 다시 그 근원으로 돌아간다.

물자체 Thing-in-itself
칸트 철학의 기본 개념 중 하나. 칸트는 인간의 인식 바깥에 독립적으로 존재하는 객관적 사물을 가리켜 물자체라고 불렀다. 칸트에 따르면, 인간은 감각의 대상인 물자체를 알지 못하며, 단지 주관이 인식하는 그 현상만을 알 수 있다.

변증법 Dialectic
고대 그리스에서는 토론술, 논쟁술을 가리켰다. 소크라테스 및 플라톤은 변증술을 철학적 진리를 탐구하기 위한 방법으로 사용하였으며, 중세에는 논리학을 가리키는 다른 말이기도 했다. 오늘날 철학에서 말하는 변증법에는 헤겔의 영향이 크다. 헤겔은 존재가 자기 스스로의 모순에 의해 생긴 대립을 지양하여 질적인 변화를 겪는 과정을 변증법으로 보았다. 즉 테제, 안티테제, 진테제(혹은 정, 반, 합)의 3단계를 거쳐 전개된다고 본 것이다. 마르크스와 엥겔스는 헤겔의 변증법을 유물론과 결합시켜 변증법적 유물론을 내세웠다.

분석 판단 Analytical Judgement과 종합 판단 Synthetical Judgement
칸트의 용어. 분석 판단은 술어의 개념이 주어의 개념 속에 포함되어 있어서, 주어 개념을 분석하여 술어를 이끌어 낼 수 있는 판단이다. 예컨대 "원(주어)은 둥글다(술어)."라는 분석 판단은 선험적인 판단이므로 경험을 통해 증명할 필요가 없다. 반대로 종합 판단은 주어에 포함되지 않는 술어가 주어와 종합되는 판단이다. "저 공(주어)은 무겁다(술어)."라는 판단은 주어의 개념 분석이 아니라 경험을 거쳐야 하는 것이기 때문이다. 칸트는 보편성을 가지면서 동시에 인식을 확장해 줄 수 있는 '선험적 종합 판단'을 내세워 참다운 인식론을 확립하려고 했다.

사용 가치 Use Value와 교환 가치 Exchange Value
사용 가치는 특정 물건에서 직접 얻는 유용성에서 나오는 가치를 뜻하며, 교환 가치는 그 재화를 교환하였을 때 생기는 가치를 의미한다. 마르크스는 상품이 교환될 수 있는 것은 그 상품에 투입된 노동력이라는 공통 요소가 있기 때문이라고 보았다.

선불교 禪佛敎
중국에서 5세기경 발전한 대승 불교의 일종. 선종이라고도 부른다. 수행을 통해 사유하고 명상하여 자기 안에 있던 불성을 발견하는 것을 목표로 삼는다. 경전이나 문자에 구애받지 않고 진리를 깨달으려고 하며, 도교의 노장 사상의 영향도 일정 부분 받았다.

선험적인 것 A Priori과 후험적인 것 A Posteriori
칸트 철학의 핵심 개념 중 하나. 선험적인 것은 경험과는 독립적이며 보편적이고 필연적인 것을 뜻한다. 반대로 후험적인 것은 경험에 좌우된다.

수피즘 Sufism
이슬람의 신비주의적 분파. 정신적 체험을 통한 신과의 합일을 추구한다. 세속적 타락이나 형식적 율법을 경계하며 직관과 깨달음을 중시한다.

스콜라 철학 Scholasticism
중세의 기독교 신학으로서, 고대 그리스 철학, 특히 아리스토텔레스의 논리학을 받아들여 이성적, 철학적 방식으로 신을 논증하고 기독교 신앙을 설명하려고 노력하였다. 기독교 신학을 정립하였고 고대 그리스 철학을 보존하면서 중세 학문적 발전의 기틀을 마련하였다.

실용주의 Pragmatism
프래그머티즘이라고도 부른다. 19세기 후반 미국에서 큰 영향력을 발휘한 철학 사조로, 실생활에서의 유용성을 중심으로 진리에 접근하고자 했다. 공리주의, 경험주의 등의 영향을 받았으며, 퍼스, 윌리엄 제임스, 존 듀이 등이 대표적인 인물들이다.

실존주의 Existentialism
20세기 중반을 풍미한 철학, 예술 사조. 현상학의 영향을 많이 받았으며 인간의 부조리에 천착한 문학적 흐름과도 관련이 깊다. 키르케고르, 하이데거, 카뮈 등이 포함되나 서로 간의 차이가 크며, 대체적으로 사르트르의 철학을 가리키는 말로 더 많이 쓰인다. "실존은 본질에 앞선다." 즉 인간의 본질은 고정되어 있지 않으며 인간의 행동과 선택, 지향이 낳는 실존이 더 우선시되어야 한다는 주장이 실존주의의 가장 대표적인 모토이다.

영지주의 Gnosticism
초기 기독교의 다양한 분파들을 지칭하는 용어. 일반적인 구분에 따르면, 정통 기독교는 구원이 믿음으로 이루어진다고 보지만 영지주의는 앎(gnosis)이 구원을 가져다준다고 여긴다. 그러나 마니교를 포함한 여러 기독교 분파들이 모두 영지주의로 불리므로, 특정한 사유 방식이라기보다는 이단이라는 의미가 더 강하다. 선불교나 수피즘 등 다른 종교의 신비주의와 연결 지어 해석하는 시각도 있다.

오이디푸스 콤플렉스 Oedipus Complex
오이디푸스 신화에 기반을 둔, 프로이트가 내세운 정신 빌딜 단계. 아동이 동성 부모와 자신을 동일시하면서 동성 부모를 배제하려고 하는 심리적 기제를 가리킨다. 프로이트는 이 단계를 잘 극복해야만 정상적인 성적, 정신적 발달이 가능하다고 보았으며, 오이디푸스 콤플렉스를 거치면서 억압이 생기고 초자아가 형성되어 무의식, 자아, 초자아의 정신 구조가 자리 잡는다고 주장하였다.

이드 Id
프로이트의 정신 분석 용어. 선악, 시간의 흐름, 논리 등을 모르는 원초적인 욕망이자 그 영역을 뜻한다. 리비도의 근원이자 본능이다. 자아, 초자아와 함께 인간의 정신 구조를 형성한다.

잉여 가치 Surplus Value
마르크스 경제학의 개념. 자본가는 노동으로 인해 가치를 갖게 된 상품을 교환하여 이윤을 얻는데, 노동자의 노동 가치보다 적은 임금을 지급함으로써 잉여 가치를 착취하게 된다.

즉자 존재 Being-in-itself **와 대자 존재** Being-for-itself
사르트르가 헤겔의 논의를 빌려, 『존재와 무』에서 서술한 현상학적, 실존주의적 용어. 즉자 존재는 그저 그 자체로 존재하는 존재이며, 대자 존재는 자기에 대해서 존재하는 존재, 즉 타자성을 인식하는 주체이다. 즉자 존재는 본질에만 머무르는 수동적인 존재이지만, 대자 존재는 실천과 결단을 통해 존재가 본질에 앞서는 적극적인 주체가 된다.

집단 무의식 Collective Unconscious
카를 융이 만든 용어로서, 개인 차원이 아니라 어떤 집단, 민족, 인류가 시원에서부터 공통적으로 갖는 집단적인 무의식을 뜻한다. 집단 무의식은 보편적인 '원형'을 통해서 드러난다.

충분근거율 Principle of Sufficient Reason
충족이유율이라고도 번역한다. 무엇이든 참이 되려면 충분한 근거가 있어야 한다는 법칙. 쇼펜하우어는 『충족이유율의 네 가지 뿌리에 관하여』라는 책에서 이를 생성, 인식, 존재, 행위 등 네 가지 형태로 구분한다.

판단 중지 Epoché
에포케는 그리스어로 '판단 중지'를 뜻한다. 후설은 외부의 대상을 판단하는 우리의 일상적 태도를 중단하고, 괄호로 묶어 놓은 것들 속에서 우연적인 것들을 배제하고 본질적인 선험적 구조, 순수한 의식을 발견해야 한다고 보았다. 현상학적 판단 중지, 현상학적 괄호 치기, 현상학적 환원이라고도 한다.

현전의 형이상학 Metaphysics of Presence
데리다가 전통적 형이상학을 비판하기 위해 사용한 용어. 데리다에 따르면, 서구의 전통적 형이상학은 '로고스 중심주의'에 입각해 말이 글보다 더 진실에 가깝다고 보아 말에 특권적 위치를 부여해 왔다. 예컨대 음성은 '지금, 여기'라는 직접성을 갖는 자기현전으로서 초월성을 갖지만, 글은 이차적인 것에 불과한 것이다. 하지만 데리다는 의미는 무한히 지연되고 형성 중에 있는 것이라는 점을 강조하면서, 플라톤, 헤겔, 하이데거, 후설 등의 철학을 '현전의 형이상학'으로 비판한다.

찾아보기

가능태 — 48, 49, 147
가족 유사성 — 271
갈릴레이, 갈릴레오 — 140, 197
객관주의 — 301, 302, 304-306
검증 원리 — 265, 268, 269
견유학파 — 54
경험주의 — 153, 154, 239
계몽주의 — 161-164, 199
고귀한 야만인 — 163, 164
고백록 — 69, 157
공감 능력 — 156
공리주의 — 224, 225, 237
『공산당 선언』 — 216, 217
공산주의 — 216-220, 231, 234, 235, 300
공자 — 26-28
교환 가치 — 213, 215
구순기 — 259
구조주의 — 185, 310
『국가론』 — 39
군자(君子) — 28
『군주론』 — 118, 120
귀납의 문제 — 154, 271
꾸란 — 94
『꿈의 해석』 — 248

남근 선망 — 251
너대니얼 브랜든 연구소(N.B.I.) — 304-306
네스토리우스파 — 70
노동 소외 — 215
『노붐 오르가논』 — 133
노자 — 23, 25
논리 실증주의 — 133, 265, 268, 269
『논리 철학 논고』 — 264-266, 269, 270

논리학 — 50, 62, 133, 266, 268, 312
『논어』 — 27, 28
뉴턴, 아이작 — 152, 162, 197
니체, 프리드리히 — 231-236

단성론 — 70
단의론 — 70
단일 신화 — 293, 298
달마 — 83-88, 91-93
대자 존재 — 280
대화 치료 — 244
덕(德) — 25, 28
데리다, 자크 — 309-315
데모크리토스 — 22
데카르트, 르네 — 132, 134, 140, 141, 153, 276, 277, 313
델포이 — 12, 30
도나투스파 — 70, 81
『도덕경』 — 23, 25
도덕 상대주의 — 225
도미니크 수도회 — 100, 102
도미티아누스 황제 — 63
독립 선언서 — 142, 161, 165, 169
디오게네스 — 54, 55
디오게네스 라에르티오스 — 62
디오니시오스 — 37, 40

라이프니츠, 고트프리트 — 152
랜드, 에인 — 299, 300, 304
러셀, 버트런드 — 260-264, 269
레미로 데 오르코 — 113, 114
레우키포스 — 22
로렌초(피에로의 아들) — 118, 120

로렌초 데 메디치 — 111, 112
로크, 존 — 153
루리아, 이사크 — 122, 123, 127-130
루미 — 94-99
루소, 장 자크 — 157-160, 185
『리바이어던』 — 142, 143
리비도 — 249, 250
리케이온 — 51-53

마그누스, 알베르투스 — 102, 103
마니, 마니교 — 70, 71, 74, 75, 80, 81
마르크스, 카를 — 195, 211, 212, 214-216, 219, 221, 231, 313
마케도니아 — 12, 43, 51, 53
마키아벨리, 니콜로 — 110, 111, 113-118, 120
막시밀리안 1세 — 116
만인에 대한 만인의 투쟁 — 142
메디치 가문(메디치가) — 111, 117, 118
메블레비 교단 — 99
멜런, 메리 — 259, 288, 290
모나드 — 152
모세스 데 레온 — 122, 123
목적 원인 — 47
무어, 조지 에드워드 — 260, 269
무의식 — 244, 246, 248, 256-258
무한자 — 16, 17
무함마드 — 94, 95
물자체 — 180-182, 186, 187, 189
미트라 — 255, 291, 296
민스터 — 201, 206
민족적 관념 — 291, 292
밀, 존 스튜어트 — 223-230, 237

바그너, 리하르트 — 235
바스타미, 바야지드 알 — 94, 95
바스티안, 아돌프 — 291
발렌티노 공작 — 113-115
『방법 서설』 — 136
버클리, 조지 — 151, 237
범주 — 176, 177, 187, 188
베이컨, 프랜시스 — 132, 133, 153
벤담, 제레미 — 225, 229
변증, 변증법, 변증술 — 31, 32, 38, 103, 187, 191
보나벤투라 — 103
보르자, 체사레 — 113, 114
보티첼리 — 112
볼링겐 재단 — 259, 288, 290
부르주아 — 214, 217-220
분석 심리학 — 259, 288, 297
분석 판단 — 174
『불평등 기원론』 — 158, 159
브랜든, 너대니얼 — 304-306
브로이어, 요제프 — 243, 244
『비극의 탄생』 — 231
비트겐슈타인, 루트비히 — 133, 260, 263, 264, 266, 269, 270-272
빈학파 — 264, 265, 269

사르트르, 장폴 — 205, 273-275, 277, 280-287
사보나롤라, 지롤라모 — 112
사상사 — 307
사용 가치 — 213, 214
사유 재산 — 157, 193
사회 계약 — 143
『사회 계약론』 — 157, 158
사회학 — 198

살페트리에르 병원 — 241
삼단 논법 — 50
삼마 — 99
생명의 나무 — 123, 125, 127-129
생성 — 20, 187
생시몽 백작 — 196
샤르코, 장 마르탱 — 241, 242
샴스 이 타브리즈 — 95-98
선불교 — 84, 86, 88, 89, 91, 93
선험적 — 172, 175-177
성기기 — 249, 250
성찰 — 136
세네카 — 63
세피라 — 123, 124, 126
세피로트 — 126
셰익스피어 — 132
셸리, 메리 — 185
소쉬르, 페르디낭 드 — 310, 311
소요학파 — 51
소인(小人) — 28
소크라테스 — 13, 30-34, 38, 39, 50, 51, 53, 65, 201, 202, 225, 236, 240
『소크라테스의 변명』 — 39
쇼펜하우어, 아르투어 — 186, 189, 190, 192-195
수피즘 — 94, 128
『수학 원리』 — 162
순수 이성 — 171, 180, 183
『순수 이성 비판』 — 181
슈비처, 에밀 — 255
스콜라 운동 — 103
스토아학파 — 62, 63, 146
스페우시포스 — 43, 52
스포르차 — 113
스피노자, 바뤼흐 — 144-147, 149, 150
신비주의 — 98, 123, 259, 302
『신학 대전』 — 109
신화의 힘 — 298

실용주의 — 226, 237-240
실존주의 — 205, 284, 285
실증주의 — 237
『실천 이성 비판』 — 183

아낙시만드로스 — 16
아낙시메네스 — 17, 18, 21
아리스토클레스 — 29
아리스토텔레스 — 13, 16, 42, 43, 48, 51-53, 103, 109, 133, 147
아리아노스 — 64
아리우스파 — 70, 81
아우구스티누스 — 69, 70, 74-77, 80, 81, 109
아인소프 — 123
아카데모스 — 38
아카데미 — 38-40, 42, 43, 52, 55
아퀴나스, 토마스 — 100, 109
『아틀라스』 — 304
아 프리오리 — 172
아 포스테리오리 — 172
안티테제 — 187, 188, 191, 195
알렉산더 대왕 — 44, 51, 52, 53, 55
알렉산드르 6세 — 113, 114
암브로시우스 — 80
억압 — 246-248, 250, 254
『에밀』 — 158
에포케 — 312
에피쿠로스 — 56
에픽테토스 — 62, 64
엠페도클레스 — 21
엥겔스, 프리드리히 — 216, 217
『여성의 권리 옹호』 — 185
염세주의 — 192, 234
영지주의 — 128
『영혼의 시』 — 99

예(禮) — 27
오경 — 26
오성 — 172, 174, 176, 177
오이디푸스 콤플렉스 — 250, 255
오컴의 면도날 — 261
올센, 레기네 — 204, 207
『우리, 살아남은 자』 — 300
『우파니샤드』 — 290
울스턴크래프트, 메리 — 185
원초적 관념 — 291
원형 — 256, 258, 297
유명론 — 237
유스티니아누스 황제 — 40
유심론 — 151
율리우스 2세 — 114, 115, 117
융, 카를 구스타프 — 252, 254-259, 288, 290, 297
이데아 — 34, 35, 41, 103, 124, 125
이드 — 248
이원론 — 71, 72, 310-313
이타주의 — 199, 302
『인간 본성에 관한 논고』 — 154
『인간 오성론』 — 153
『인간 오성에 관한 탐구』 — 153
일상 언어 철학 — 272
잉여 가치 — 214-216, 219, 220, 222

『자라투스트라는 이렇게 말했다』 — 235
『자본론』 — 212
 자본주의 — 218-220, 222, 234, 303
 자연과학 — 48, 52, 58, 62, 74, 262
 자연 상태 — 142, 143
『자유론』 — 228
 자유 연상 — 248
 자유 의지 — 78, 79, 82, 223
 작용 원인 — 47

작용인 — 105
잠재성 — 105
재료 원인 — 47
전이 현상 — 247
정신 구조 이론 — 248
정신 분석 — 248, 254, 259
『정신 분석에 대한 다섯 편의 강의』 — 259
제1원인 — 17, 20, 47
제1원칙 — 44, 47
제논(엘레아의) — 20
제논(키티온의) — 62, 63
제임스, 보스웰 — 157, 158, 160
제임스, 윌리엄 — 237, 239
제퍼슨, 토머스 — 142, 161, 164-170
『조하르』 — 122, 123
『존재와 무』 — 282, 285
『존재와 시간』 — 278
종합 판단 — 174
줄리아노 — 117
즉자 존재 — 280
지적 설계론 — 179
지향성 — 277
집단 무의식 — 256, 257, 259, 288

차연 — 311
『천의 얼굴을 가진 영웅』 — 293, 298
체비, 사바타이 — 128
초인 — 233-236
초자아 — 248
『출구 없음』 — 284
충분근거율 — 190
치머, 하인리히 — 290, 296

ㅋ

카발라 — 123, 126, 128, 129
칸트, 이마누엘 — 171, 177, 180, 183, 184, 186, 188, 189, 195, 226
캉브레 동맹 — 115
캠벨, 조지프 — 288-291, 293, 296-298
콩트, 오귀스트 — 196-199, 237
쿵후 — 83, 92, 93
크리스티나 여왕 — 141
키르케고르, 쇠렌 — 200-208

ㅌ

『타브리즈의 태양』 — 99
탈레스 — 14-16, 18, 20, 21
테제 — 187, 188, 191, 195
토라 — 126, 145
트라우마 — 246, 247, 249

ㅍ

파르메니데스 — 20, 21
파우스투스 — 74
『파운틴헤드』 — 300, 301
파펜하임, 베르타 — 243, 244
판단 중지 — 312, 313
페르난도 2세 — 116, 117, 145
펠라기우스파 — 80, 81
푸코, 미셸 — 307, 308
『프랑켄슈타인』 — 185
프로이트적 실수 — 248
프로이트, 지그문트 — 241-252, 254-256, 258, 259, 297, 313
프롤레타리아 — 216, 217, 219, 302, 310
플라토닉 러브 — 36
플라톤 — 29-40, 42, 43, 55, 103, 132, 280
플루타르코스 — 63

피에로 — 111, 112
피타고라스학파 — 33, 34, 38
피트라 — 94
필리포스 2세 — 43, 48

ㅎ

하시디즘 — 128
하이데거, 마르틴 — 275, 278, 279, 281
항문기 — 249
해체주의 — 309, 311, 313, 314
해탈 — 83, 87, 88
헤겔, 게오르크 — 186-188, 191, 193-195, 204, 217, 261
헤라클레이토스 — 18, 20, 21
현상학 — 275, 276, 311, 313
현실성 — 105
현실태 — 48, 49, 147
현전의 형이상학 — 313, 314
현존재 — 278, 279, 280, 310
형상 원인 — 47
홉스, 토머스 — 142, 143
화두 — 89, 91
후설, 에드문트 — 275-278, 311, 312
후험적 — 172, 173, 177
흄, 데이비드 — 153-156, 194, 271
히스테리 — 241, 242, 243, 245
『히스테리 연구』 — 244
히틀러, 아돌프 — 236

만화로 보는
지상 최대의 철학 쑈

초판 1쇄 발행	2013년 5월 18일
초판 3쇄 발행	2018년 6월 30일
글쓴이	프레드 반렌트
그린이	라이언 던래비
옮긴이	최영석
펴낸이	김한청
편집	문유진
마케팅	최원준, 최지애
디자인	땡스북스 스튜디오
펴낸곳	도서출판 다른
출판등록	2004년 9월 2일 제2013-000194호
주소	서울시 마포구 동교로27길 3-12 N빌딩 2층
전화	02-3143-6478
팩스	02-3143-6479
블로그	blog.naver.com/darun_pub
페이스북	/darunpublishers
메일	khc15968@hanmail.net
ISBN	978-89-92711-04-3 03100

- 잘못 만들어진 책은 구입하신 곳에서 바꾸어 드립니다.
- 값은 뒤표지에 있습니다.

- 이 도서의 국립중앙도서관 출판시도서목록(CIP)은 서지정보유통지원시스템 홈페이지(http://seoji.nl.go.kr)와 국가자료공동목록시스템(http://www.nl.go.kr/kolisnet)에서 이용하실 수 있습니다.
(CIP제어번호: CIP2013005430)